"十三五"普通高等教育本科部委级规划教材

中级财务会计全真模拟实验

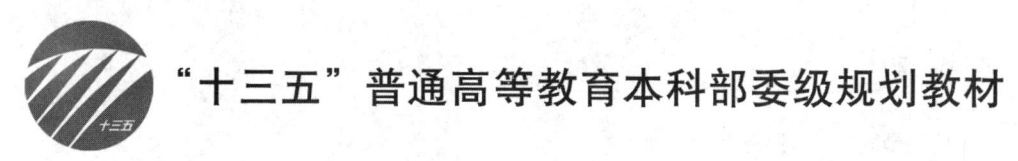

马立群　潘玉香◎主编

中国纺织出版社

内 容 提 要

《中级财务会计全真模拟实验》是同《中级财务会计》理论课程配套的实践教材。本书适应新会计准则和从2016年5月1日起全面实施"营改增"税制改革的变化，内容包括货币资金核算、应收款项的核算、存货的核算、金融资产和长期股权投资的核算、固定资产增加、减少和折旧的核算、流动负债和长期负债的核算、辅助费用的分配、制造费用的分配、产品成本的核算、成本和收入的核算及本年利润的结转等经济业务，深化了会计循环过程中的实验内容，为师生提供了完整的会计操作过程及主要成本费用归集、计算关键过程的指导。

本书可作为高等院校、高职院校和会计培训机构的会计实践教学用书，非会计专业的学生通过本书的学习亦可掌握和提高经济业务的会计处理全过程，为从事会计工作打下坚实基础。

图书在版编目（CIP）数据

中级财务会计全真模拟实验 / 马立群，潘玉香主编. -- 北京：中国纺织出版社，2016.10

ISBN 978-7-5180-2991-4

Ⅰ. ①中… Ⅱ. ①马…②潘… Ⅲ. ①财务会计 Ⅳ. ①F234.4

中国版本图书馆 CIP 数据核字（2016）第 227330 号

策划编辑：曹炳镝　　责任印制：储志伟

中国纺织出版社出版发行

地址：北京市朝阳区百子湾东里 A407 号楼　邮政编码：100124

销售电话：010—67004422　传真：010—87155801

http: //www.c-textilep.com

E-mail: faxing@c-textilep.com

中国纺织出版社天猫旗舰店

官方微博 http: //weibo.com/2119887771

北京市密东印刷有限公司印刷　各地新华书店经销

2016 年 10 月第 1 版第 1 次印刷

开本：787×1092　1/16　印张：27.5　插页：8

字数：460 千字　定价：68.00 元

凡购本书，如有缺页、倒页、脱页，由本社图书营销中心调换

前 言

《中级财务会计全真模拟实验》是融《中级财务会计》理论教学、实践教学于一体的实践性、综合性的课程,实验教学强调高度仿真企业会计实践训练。该教程的编写严格按照会计相关理论和企业会计实务操作规程,依据2014年7月23日《财政部关于修改〈企业会计准则——基本准则〉的决定》,以及2016年3月5日李克强总理在第十二届全国人民代表大会第四次会议政府工作报告中提出,经国务院批准从2016年5月1日起全面实施"营改增"等一系列政策文件,深入多家相关企业调查研究,精心策划,以期达到会计学理论与企业会计实务实践的高度结合。在《基础会计全真模拟实验》的基础上,精心策划,以期达到中级财务会计理论与企业会计实务实践的高度结合。

《中级财务会计全真模拟实验》以全新的某公司案例背景作为编制基础,设置了同《中级财务会计》理论课程相适应落地的实践内容。重点包括:货币资金核算,应收款项的核算,固定资产增加、减少、折旧的核算,金融资产和长期股权投资的核算,各项流动负债、长期负债的核算,产品成本核算中的各种计算,辅助费用的分配,制造费用的分配,成本费用的归集和期末结转等经济业务内容,培养学生的操作能力,形成和锻炼职业判断能力,为成为高级应用型会计人才奠定基础。

《中级财务会计全真模拟实验》的操作可借助计算机财务软件或EXCEL完成,同时,《基础会计全真模拟实验》结果作为《中级财务会计全真模拟实验》的基础资料,形成基础会计实验、中级财务会计实验和电算化仿真训练一体化的完美结合。我们在中国纺织出版社网站为教师课堂授课提供教学用课件,为教师提供完整的会计操作过程及主要成本费用归集的课程指导和完整答案,为实验的规范性和完整性提供必要的保障。

本实验教程内容由五部分构成。第一章概述,重点讲解中级财务会计实验目的要求、操作规范、实验报告的撰写和实验成绩评定方法,由潘玉香、吴芳老师执笔完成;第二章是会计实训企业经营背景情况介绍,由孙娟、刘旸老师执笔完成;第三章是实训案例企业账户余额资料,由马立群、潘玉香、孙娟老师共同设计完成;第四章是案例企业的经济业务内容,由潘玉香、马立群、赵梦琳、刘思宇和孙娟老师共同设计完成；第五章是实验资料，为学生实验操作方便，设计了实验操作所用的各类空白记账凭证和账簿等全套实验材料，由马立群、潘玉香、吴芳、刘思宇、赵梦琳和郝婷老师共同设计完成。

　　《中级财务会计全真模拟实验》适应普通高校会计学专业教学建设与改革的实际需要，进入中国纺织出版社申报"十三五"国家级、部委级规划教材的推荐之列。《中级财务会计全真模拟实验》为全新设计，内容、体例、新法规应用、教学服务功能等力求具有一定的学科前沿性，以便更好地满足各校师生的相关实验课程需要。我们对所有使用本教材的老师和同学们，特别是热情向我们提出各种宝贵建议的老师及同学们表示诚挚的谢意。感谢本书编写过程中天津钢管集团股份有限公司有关领导的热诚帮助和指导。感谢王茹、丛璐、赵敏和韩昊昕同学所做的答案核对工作。感谢中国纺织出版社在本实验教程出版工作中的大力支持！

　　本实验教程是作者多年来从事会计教学和会计社会实践的成果，同时也借鉴了诸多专家学者的宝贵经验和研究成果，在此表示真挚的感谢。由于作者水平有限，书中难免存在缺点和错误，敬请读者批评指正，特望同行专家不吝赐教。

马立群　潘玉香

2016年6月

目 录

第一章　概述 …………………………………………………………………………… 001

第二章　会计实务模拟实验案例企业经营背景介绍 ………………………………… 007
　　第一节　模拟实验案例企业经营背景情况 ……………………………………… 007
　　第二节　模拟实验案例企业组织、规模、产品、生产加工工艺资料介绍 ………… 008
　　第三节　模拟实验案例企业会计核算制度及规范简介 ………………………… 011

第三章　会计实务模拟实验案例企业相关资料 ……………………………………… 015
　　第一节　模拟实验案例企业相关客户资料 ……………………………………… 015
　　第二节　模拟实验案例企业期初账户余额资料 ………………………………… 018

第四章　会计实务模拟实验案例企业经济业务内容 ………………………………… 025

第五章　附　录 ………………………………………………………………………… 181

第一章 概述

一、中级财务会计全真模拟实验的目的

（1）培养学生在《基础会计学》《中级财务会计》及《基础会计学实验》课程的基础上，通过会计实务仿真实验过程，全面掌握会计核算理论及实务技能。

（2）进一步深入培养学生运用会计理论和实务知识，在完成企业会计账簿的建立及日常经济业务处理的过程中，融入计算机为操作手段，进行相关的账务处理，达到手工和电算同时处理业务的综合能力。

（3）掌握一般经济业务处理的基本程序和方法，将会计核算理论在仿真企业案例中全面实践，使学生能够基本具备独立处理一般企业经济业务的能力，从而掌握工业企业以货币表现的经济业务活动在资金投入、资金运用、资金退出过程中，完成一个完整的会计循环过程。参见图1-1、图1-2。系统地掌握企业会计核算的全过程，熟悉会计内部控制制度，从而提高会计综合实践能力。

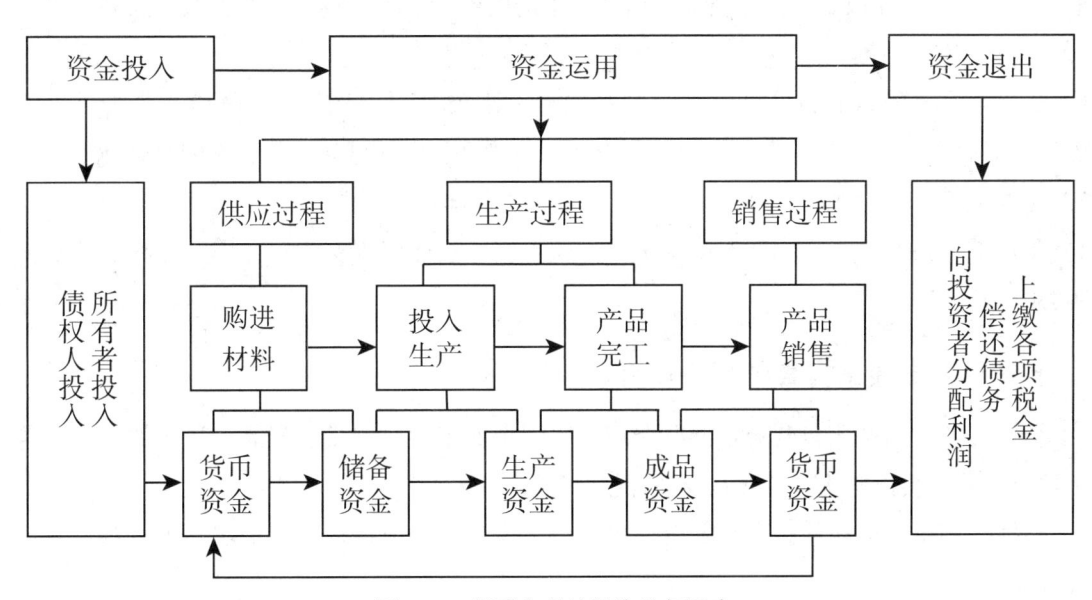

图 1-1 货币表现的经济业务活动

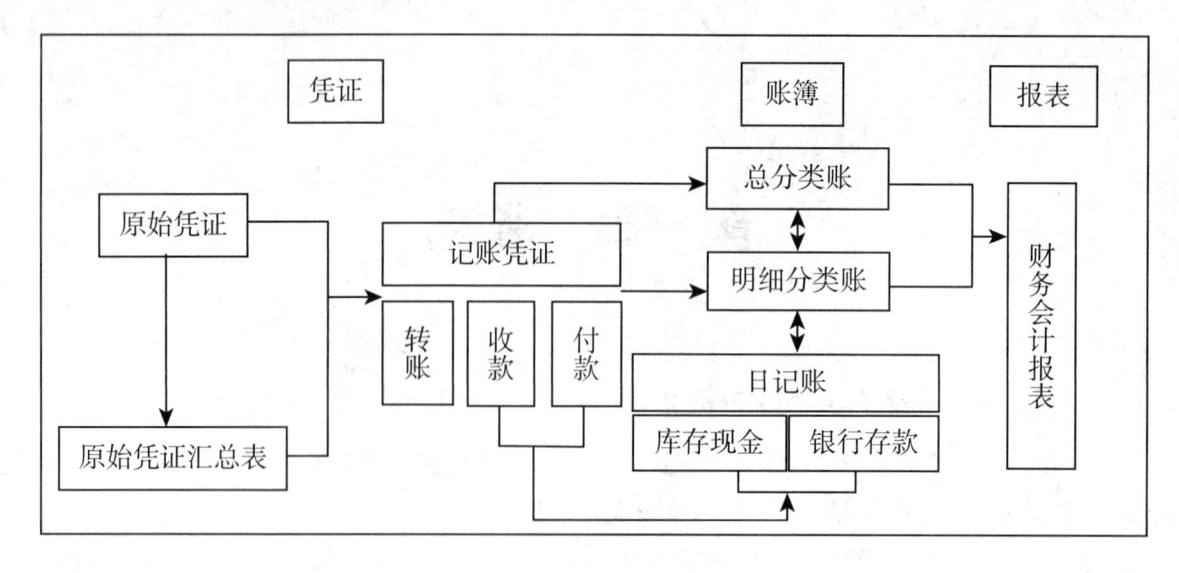

图1-2 会计循环

二、中级财务会计全真模拟实验的要求

本课程是为适应高校会计学、财务管理、审计学、会计电算化等专业，关于培养社会实用新型人才目标的要求，通过会计实验仿真模拟会计实务实践全过程，进行会计实务建立账簿、填制凭证、登记账簿、期末结账和编制会计报表的实际演练，达到学生的财务会计基本理论与企业会计实践高度结合的实验目的。具体要求如下：

（1）要求学生理解现行的企业会计准则、理解"营改增"、个人所得税和企业所得税等相关税法；系统掌握工业企业会计核算的方法，提高从事会计核算和会计事务管理工作的综合职业能力。

（2）通过实验培养学生良好的会计工作作风和职业道德。

（3）要求学生在实验过程中，态度端正、作风踏实，按照课程实验项目操作流程，认真完成各项任务和实验报告。

三、中级财务会计全真模拟实验的内容

（1）会计实务实训企业经营背景情况介绍，实训企业组织、规模、产品、生产加工工艺背景情况介绍，实训企业财务会计机构岗位职责及会计核算制度简介等。

（2）根据案例企业期初建账资料，设立账簿：设立总分类账、现金日记账和银行存款日记账以及相关明细分类账。

（3）本实验教程结合制造企业实际生产经营状况，对案例企业实验内容的上、中、下三旬业务设计的侧重点不同，具体如下：

上旬重点：①通过实验，学生应理解货币资金的范围及内部控制制度，掌握银行转账结算方式和其他货币资金的内容：库存现金的管理、银行存款的管理、掌握库存现金收支的核算、银行存款收付的核算与银行存款的核对；②学生应掌握外购存货的计价与核算，自制半成品的核算，低值易耗品的核算，产成品收发核算，存货盘盈盘亏的核算。

中旬重点：通过实验，学生应识别票据的种类，实验掌握金融资产的核算，应收账款发生与收回的

核算、应收账款的明细核算、坏账的核算，收到应收票据和票据到期的核算、应收票据贴现的核算，预付及其他应收款的核算。

下旬重点：①通过实验，学生应认知产品成本核算中的各种表单、计算、钩稽关系，掌握辅助费用的分配、制造费用的分配，逐步结转分步法的计算程序。②通过实验，学生应掌握短期投资的核算，长期股权投资的核算，短期投资跌价准备的计提，长期投资减值准备的计提。③通过实验，学生应掌握固定资产计价方式，掌握固定资产增加的核算，固定资产折旧的核算，固定资产修理及改扩建的核算，固定资产减少的核算。④通过实验，学生应掌握各项流动负债、长期负债的核算，重点掌握应交税金、借款费用和应付债券的月末会计处理。⑤通过实验，学生应掌握期末税金的结转、成本和费用的结转、收入的结转和本年利润的结转和分配等。

（4）会计报表的编制。重点是：①利润表：（主营业务收入、管理费用、财务费用、所得税费用）等内容的报表编制。②资产负债表：（应收账款、存货、固定资产、负债、未分配利润）等内容的报表编制。③掌握数据间的钩稽关系。

四、中级财务会计全真模拟实验操作规范

（一）设置会计账簿

根据实验资料要求，开设20××年12月初的总分类账、明细分类账及其库存现金、银行存款日记账等会计账簿。各类账簿有封面、扉页、账页，封面要标明账簿名称和记账单位名称等，根据教程中的经济业务所涉及的账户属性建立各账户并填写期初余额。

（二）审核和整理原始凭证

在填制记账凭证前要审核、整理原始凭证，分辨哪些原始凭证是有效的，哪些是不用记账的。

（三）填制记账凭证

根据相关业务内容和原始凭证填制记账凭证，有的原始凭证要自己填写，然后根据原始凭证写出会计分录，之后根据会计分录填写记账凭证。

记账凭证的填写要注意记账凭证的名称、编号、日期、有关经济业务内容摘要、有关账户的名称（包括总账、明细分类账）、方向和金额、有关原始凭证张数和其他有关资料份数、相关人员的签名或盖章。记账凭证应按下列要求填制。

（1）将经济业务的内容以简练概括的文字填入"摘要"栏内。

（2）根据经济业务的性质，按照会计制度所规定的会计科目和每一会计科目所核算的内容，正确编制会计分录。

（3）每张记账凭证只能反映一项经济业务，除少数特殊业务必须将几个会计科目填在一张记账凭证上以外，不得将不同类型经济业务的原始凭证合并填制记账凭证，对同一笔经济业务不得填制对应关系不清的多借多贷的记账凭证。

（4）记账凭证必须附有原始凭证并注明所附原始凭证的张数。所附原始凭证张数的计算，一般以原始凭证的自然张数为准。

（5）填写内容齐全。记账凭证中的各项内容必须填写齐全，并按规定程序办理签章手续，不得简化。如果填制记账凭证时发生错误，应当重新填制。

（6）凭证按顺序和类型编号，一笔经济业务需要填制两张或者两张以上记账凭证的，可以采用分

数编号法编号，如 6 号会计业务分录需要填制三张记账凭证，就可以编成 6 1/3、6 2/3、6 3/3 号。

（7）正确编制会计分录并保证借贷平衡。根据国家统一会计制度的规定和经济业务的内容，正确使用会计科目并编制会计分录，记账凭证借、贷方的金额必须相等，合计数必须计算正确。

期末，将记账凭证附上原始凭证装订成册。

（四）填制科目汇总表

根据记账凭证逐笔登记总账，一般先编制科目汇总表，然后根据科目汇总表登记总账。

（1）填写科目汇总表的日期、编号和会计科目名称。科目汇总表的编号一般按年顺序编列，科目汇总表上会计科目名称的排列应与总账科目的序号保持一致。

（2）将需要汇总的记账凭证，按照相同的会计科目名称进行归类。

（3）将相同会计科目的本期借方发生额和贷方发生额分别加总，求出合计金额。

（4）将每一会计科目的合计金额填入汇总表的相关栏目。

（5）科目汇总表的本期借方发生额和本期贷方发生额的合计数应相等。

（五）登记会计账簿

账簿包括总分类账户、明细分类账户、库存现金及银行存款日记账。登记会计账簿时，应将会计凭证的日期、编号，业务内容摘要、金额和其他相关资料逐项记入账内，做到数字准确、摘要清楚、登账及时、字迹工整。根据收款凭证、付款凭证逐日逐笔登记"库存现金"及"银行存款"日记账，并且做到日清月结。根据转账凭证登记"明细分类账"，再根据"科目汇总表"登记"总分类账"。每一项经济业务，一方面要记入有关总账，另一方面要记入该总账所属的明细账。账簿记录中的日期应该填写记账凭证上的日期，登记账簿要及时，顺序登记，不得跳行、隔页，作废的账页也要留在账簿中。会计制度对每一个步骤都是严格要求的，出错时根据不同的情况采用画线更正法、红字冲销法和补充登记法进行修正。

（六）编制会计报表

最后，根据总账和明细账及资料所给的期初余额编制会计报表，包括资产负债表和利润表。资产负债表是反映企业某一特定日期财务状况的会计报表。利润表是反映企业在一定会计期间经营成果的报表。填制时在左上角注明单位和编制时间。

五、中级财务会计全真模拟实验结果考评

实验考评包括实验过程考评和实验结果考评过程，具体比例系数可按照学校实验课程成绩规章制度制定，也可由任课教师根据课程特点制定。实验过程考评教师可根据学校情况制定；实验结果考评以实验成果为依据，具体考核项目和要求参见表 1-1。

表 1-1 中级财务会计全真模拟实验成绩评定表

项目	要求	系数（%）
规范性	1. 字迹清晰、工整、规范； 2. 四本账簿、装订的凭证、会计报表齐全	10
原始凭证	填写正确、张数正确	10
记账凭证	类别、分录和数据正确	10

续表

项目	要求	系数（%）
日记账和明细账	过账和结账的格式规范，数据正确	10
丁字账和科目汇总表	1. 丁字账科目齐全、数据； 2. 科目汇总表数据正确，借贷平衡	10
总分类账	过账和结账格式正确、数据正确	10
会计报表	1. 利润表要素齐全、数据正确； 2. 资产负债表要素齐全、数据正确、平衡	15
账本装订	规范（签章等）、牢固、整洁、美观（封面的书写等）	10
实验报告	1. 学生对实验内容、实验程序的把握程度，并从中了解学生解决问题的思路和方法正确与否； 2. 借助 EXCEL 工具，完成实验	15
合计		100

六、中级财务会计全真模拟实验报告

中级财务会计全真模拟实验报告是学生完成了完整的一个月业务后，按照实验报告要求撰写一份综合实验报告。具体实验报告格式如下：

××××大学××××学院

××××系××××专业

《中级财务会计全真模拟实验》 实验报告

班级：_____　　姓名：_____　　学号：_____

课 程 名 称		课 程 代 码	
实验项目名称		实验项目序号	
实验室名称		实 验 日 期	
实验目的			
实验内容			
实验步骤			
实验总结 （收获与体会）			
教师评语			
实验成绩：	指导教师签名：_____ 评 阅 日 期：_____		

第二章　会计实务模拟实验案例企业经营背景介绍

[学习目标] 了解会计实务实训企业所处的行业、生产经营的范畴及供、产、销流程情况。学生以企业会计工作者的姿态，掌握企业的会计制度及有关规范，深入企业开展会计工作。

第一节　模拟实验案例企业经营背景情况

本会计实务实训案例的实际背景企业为天太钢管集团股份有限公司，该企业集团股份有限公司投资拥有十余个子公司。会计实训案例海河钢管制造有限公司设计为该集团股份有限公司的一个子公司，其《营业执照》（副本）如图2-1所示。

营业执照
（副本）

统一社会信用代码 31120000689301221M

名　　称	海河钢管制造有限责任公司
类　　型	有限责任公司
住　　所	海河市五大道107号
法定代表人	马成功
注册资本	叁亿元人民币
成立日期	贰零壹零年一月五日
营业期限	2010年1月5日至2060年1月4日
经营范围	生产、销售石油开采用套管；地下热水开采用套管；销售钢管，地热管

登记机关
2010年1月5日

图 2-1

天太钢管集团股份有限公司地处海河市开发新区，是目前国内重要的石油套管生产基地。该项目1989年破土动工，1992年热试成功，1996年正式投产。原设计为年产钢坯60万吨，无缝钢管50万吨，其中石油套管35万吨。主要产品还有高中压锅炉管、高压气瓶管、液压支架管、管线管等专用管材。

第二节　模拟实验案例企业组织、规模、产品、生产加工工艺资料介绍

一、企业设立及企业类型

（1）企业名称：海河钢管制造有限责任公司

（2）法定代表人：马成功

（3）企业设立时间：2010年1月

（4）企业类型：有限责任公司

（5）企业注册资本：叁亿元人民币

　　其中：中国黄河资产管理公司投入陆仟万元人民币

　　　　　海河康安股份有限责任公司投入贰亿肆仟万元人民币

　　地址：海河市五大道107号

（6）企业纳税人登记号：120000123456789

（7）银行存款账号：工商银行海苑支行（人民币户）　3061234567890000006

　　　　　　　　　　工商银行海苑支行（外币户）　3071234567890000007

　　　　　　　　　　海河银行滨海支行（纳税户）　3081234567890000008

（8）联系电话：022-20060066

（9）邮政编码：308118

二、企业组织机构设置

海河钢管有限责任公司为海河康安股份有限责任公司下属的一个子公司。共有员工814人，其中公司及部门管理人员100人；基本生产车间生产工人681人，车间管理人员19人；辅助生产车间14人，其中生产工人11人，车间管理人员3人。企业设董事会，董事长由海河康安股份有限责任公司投资方担任，并为企业法人。董事会由股东大会选举产生。董事长直接聘总经理一人。总经理聘任副总经理以及财务部和销售部经理各一人。其他生产车间及管理部门采取部门经理或部长负责制。该公司组织管理机构设置及人员分布情况如图2-2所示。

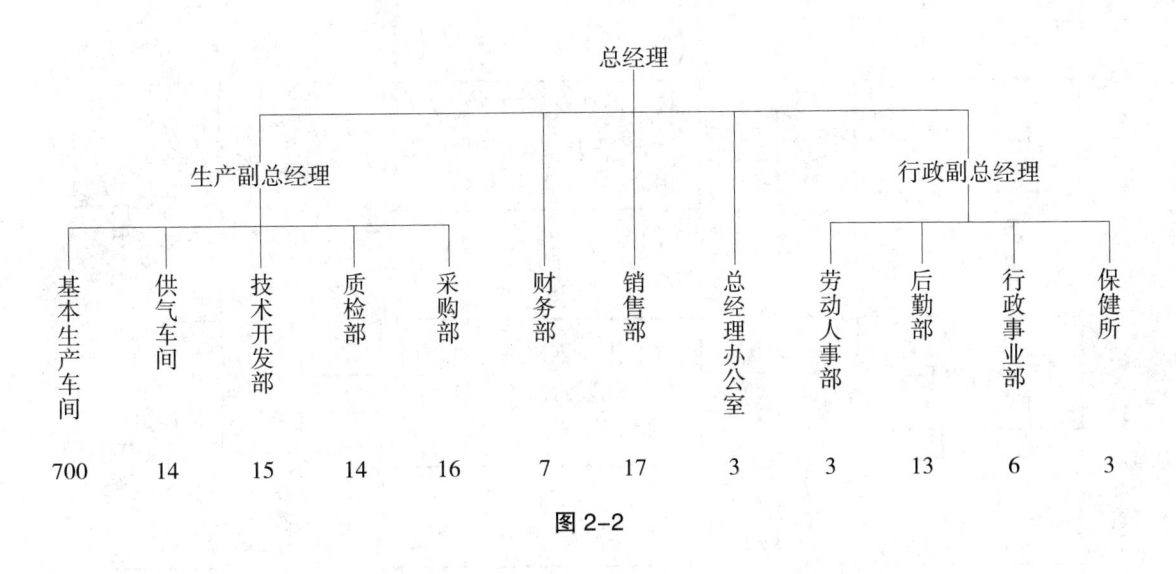

```
                                    总经理
            ┌─────────────────────────┴─────────────────────────┐
      生产副总经理                                          行政副总经理
  ┌────┬────┬────┬────┬────┬────┬────┐         ┌────┬────┬────┬────┐
 基本  供   技  质   采   财   销   总          劳   后   行   保
 本生  气   术  检   购   务   售   经          动   勤   政   健
 产车  车   开  部   部   部   部   理          人   部   事   所
 间    间   发                     办          事       业
            部                     公          部       部
                                   室
 700   14   15  14   16   7   17   3          3    13   6    3
```

图 2-2

三、企业生产经营范围及生产技术要求

本企业主要生产并销售石油开采用套管和地下热水开采用套管。产品类型分为地质井管和地热井管及特殊用途的无缝钢管。产品主要满足国内外石油钻探和地热水输送工程使用需要以及重要建筑施工工程需要。主要产品规格有地质井管 150×12#、地质井管 200×18#、地热管 180×8# 和地热管 240×9# 等。产品达到国家认证标准。

四、套管生产工艺流程

套管生产工艺流程图如图 2-3 所示。

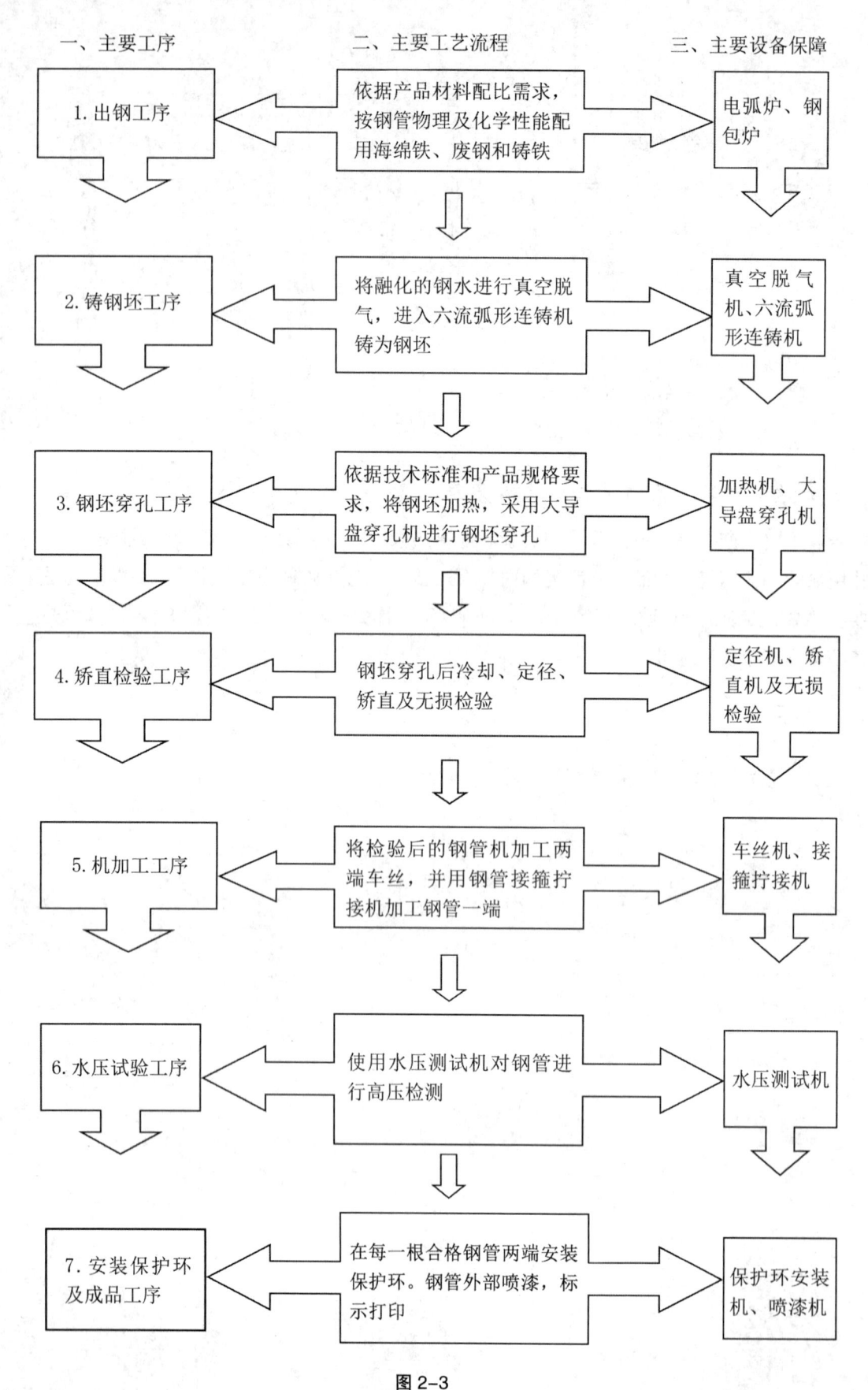

一、主要工序	二、主要工艺流程	三、主要设备保障
1. 出钢工序	依据产品材料配比需求,按钢管物理及化学性能配用海绵铁、废钢和铸铁	电弧炉、钢包炉
2. 铸钢坯工序	将融化的钢水进行真空脱气,进入六流弧形连铸机铸为钢坯	真空脱气机、六流弧形连铸机
3. 钢坯穿孔工序	依据技术标准和产品规格要求,将钢坯加热,采用大导盘穿孔机进行钢坯穿孔	加热机、大导盘穿孔机
4. 矫直检验工序	钢坯穿孔后冷却、定径、矫直及无损检验	定径机、矫直机及无损检验
5. 机加工工序	将检验后的钢管机加工两端车丝,并用钢管接箍拧接机加工钢管一端	车丝机、接箍拧接机
6. 水压试验工序	使用水压测试机对钢管进行高压检测	水压测试机
7. 安装保护环及成品工序	在每一根合格钢管两端安装保护环。钢管外部喷漆,标示打印	保护环安装机、喷漆机

图 2-3

第三节　模拟实验案例企业会计核算制度及规范简介

本企业会计核算制度是按照《企业会计准则》及国家相关经济法和税法制定的。根据本企业生产经营规模和特点，根据企业财务管理要求，其主要内容如下：

一、库存现金定额制度

企业库存现金实行限额管理。开户银行与企业共同制定库存现金限额为 50000 元。当库存现金超过现金定额时，应及时送存银行。

二、定额备用金制度

企业采用定额备用金制度。平时有关部门使用备用金进行零星开支，累计发生到一定金额一并到财务部门报账，财务部一次性以现金补足备用金限额。

其中：

总经理办公室	10000 元
采购部	15000 元
销售部	15000 元
后勤部	10000 元

三、差旅费报销制度

企业各职能部门人员外出本市采购材料、销售产品、催收货款、参加培训及会议等，经审批可以乘坐飞机、火车卧铺或汽车前往。外出住宿每昼夜一般不得超过 400 元标准。出差期间每天伙食补贴人民币 60 元。

四、坏账准备金制度

本企业采用备抵法核销坏账损失。坏账的确认须符合有关法规、制度，并经过办理审批手续。企业对有确凿证据表明确实无法收回的应收账款，如债务单位已撤销、破产、资不抵债、现金流量严重不足等，根据企业管理权限，经董事会或经理办公会批准，可作为坏账损失。坏账准备提取方式采用"应收账款余额百分比法"。提取比例依财务报告的目标和会计核算的基本原则，具体分析各应收款项的特性、金额、信用、债务人信誉等因素，依坏账损失发生的可能性而具体决定。

五、存货的分类与计价

本企业存货主要分为原材料（原料及主要材料、外购半成品、辅助材料、修理用备件、低值易耗品）和库存商品。其主要原材料有海绵铁、废钢铁和铸铁块，外购半成品为套管接箍，辅助材料有套管保护环、丝扣油和油漆等。修理用备件为设备易损传动轴，低值易耗品主要有周转箱、刀具和劳保工作服等。存货发出按加权平均成本计价。

六、固定资产折旧计提方法及维修费的核算

1. 固定资产折旧计提方法

企业房屋、建筑物、生产设备、管理用设备采用使用年限法计提折旧。运输车辆采用工作量法计提折旧。企业各类固定资产的使用年限和预计净残值率规定如表2-1所示。

表2-1 固定资产的使用年限和预计净残值

类型	预计使用寿命	预计净残值率
房屋及建筑物	32年	4%
生产设备	10年	4%
管理用设备	5年	4%
运输车辆	1.2元/公里	4%

2. 固定资产维修费的核算

企业固定资产的维护修理，采用外包方式。与海河机械维修公司签订长期设备生产线维护合同，在当前设备规模及设备状况下，年维护费36万元。分月交纳设备维护费，每月末缴纳3万元。设备维修用材料及备件费由企业负担。

3. 在建工程的核算

企业进行的重大改扩建工程，采用发包方式。按合理估计的发包工程进度和合同规定结算的进度款增加在建工程成本。企业购入设备借记"工程物资"，贷记"在建工程——在安装设备"。将购入设备交付建造承包商安装时，借记"在建工程——在安装设备"，贷记"工程物资"。工程完成时，按合同补付的工程款，增加在建工程的成本。

在建工程发生的借款费用，满足借款费用资本化条件的，借记"在建工程"，贷记"长期借款""应付利息"等科目。

七、产品成本核算方式

（1）产品成本项目分为直接材料、燃料及动力、直接人工费及制造费用。企业主要原材料海绵铁、废钢铁和铸铁按1吨比1.1吨比例投料，企业会计实务基础实训采用实际成本计价，即加权平均法计价。

（2）主要材料成本按照标准化配料比例和材料损耗率计算。基本生产车间燃料及动力主要包括电炉融化及动力用水，冷却用水计入制造费用，直接人工费和制造费用在不同产品之间的分配按产品实际投产比例进行分配。

（3）辅助生产车间不设燃料及动力成本项目，供热用水计入其主要材料项目。

（4）期末在产品成本计算方法，原材料、燃料及动力、直接人工费和制造费用均按约当产量法计算。

（5）200×18#地质井管和150×12#地质井管三种主料的配比为4:4:2，240×9#地热管和180×8#地热管三种主料的配比为3:4:3。

（6）其他辅料的耗用定额为：每吨钢管用接箍3个，保护环6个，丝扣油0.25千克，油漆5千克。

（7）基本生产车间月度分3批次领料。

（8）辅料防腐剂为辅助车间使用，每月初一次全部领出。

（9）发出商品成本采用加权平均法计价。

八、资产减值准备的计提

企业采用应收账款余额百分比法于年末计提坏账准备。年度终了，分析各项应收款项的可收回性，预计可能产生的坏账损失，对没有把握收回的应收款项，经董事会批准，确定合理的比例计提坏账准备。

九、税金的计算及缴纳

（1）企业为一般纳税人，适用增值税率17%。

（2）企业采购原材料——废钢铁适用17%进项税的扣除率。

（3）应交城市维护建设税，按当月应交流转税的7%计算。

（4）应交教育费附加，按当月应交流转税的3%计算。

（5）企业每月末计算并核算应交纳所得税额，季末汇交所得税。

（6）企业按照2008年1月1日施行的《中华人民共和国企业所得税法》进行所得税业务处理。

（7）企业按月计算并核算个人应交纳所得税额，月末缴纳。

（8）企业每年5月和11月交纳企业半年度的土地使用税和房产税。

十、年末利润分配制度

按照公司章程，年末损益结算后，根据董事会决议的利润分配方案，按当年11月末股东投资比例向股东分配红利。

第三章 会计实务模拟实验案例企业相关资料

第一节 模拟实验案例企业相关客户资料

实训企业相关客户资料如下：

（1）公司名称：天津废旧钢铁回收公司
开户行及账号：工商银行长城支行 405547854790
纳税人识别号：120000123613790
地址：天津市滨海区工业路 90 号

（2）公司名称：海河配件有限公司
开户行及账号：工商银行前进支行 705123123789
纳税人识别号：720000678678789
地址：海河市光明路 80 号

（3）公司名称：沈阳塑料制品有限公司
开户行及账号：工商银行永南支行 705123123501
纳税人识别号：320000678674056
地址：辽宁省沈阳市种福寺前街 8 号

（4）公司名称：海河市油漆有限公司
开户行及账号：工商银行河北支行 405000717843
纳税人识别号：320000123677843
地址：海河市河北区林荫道 81 号

（5）公司名称：鞍山钢铁有限公司
开户行及账号：工商银行永安支行 405547814567
纳税人识别号：120000128504412
地址：鞍山市河西区鞍钢路 45 号

（6）公司名称：海河市电力维修公司
开户行及账号：工商银行塘口支行 3064055478543210000
纳税人识别号：120000123612345
地址：海河市河东区工业路 53 号

（7）公司名称：海河市机械维修公司
开户行及账号：工商银行塘口支行 3064055478543210096

纳税人识别号：120000123612378

地址：海河市河东区工业路 62 号

（8）公司名称：山东热能公司

开户行及账号：工商银行河南路支行 433542222125

纳税人识别号：21123553221124

地址：山东河南路 12 号

电话：0215-8968888

（9）公司名称：沈阳机械有限公司

开户行及账号：工商银行旗汛口支行 12358796309

纳税人识别号：125902345670

地址：沈阳市旗汛口大街 34 号

（10）公司名称：广州华信科技有限公司

开户行及账号：工商银行中心街支行 12358796348

纳税人识别号：1002365489736

地址：广州市中心大街 12 号

电话：86593465

（11）公司名称：大华律师事务所

开户行及账号：工商银行海苑支行 306123476513

纳税人识别号：120000113445677

地址：海河市裕华路 12 号

（12）公司名称：海河物流贸易有限公司

开户行及账号：工商银行红旗支行 40512358796309

纳税人识别号：120125902345670

地址：海河市旗汛口大街 34 号

（13）公司名称：海河昆仑废旧物资公司

开户行及账号：工商银行华联支行 405120896544849

纳税人识别号：130123134477788

地址：海河市西南路 56 号

电话：022-63800056

（14）公司名称：吉林钢铁贸易公司

开户行及账号：工商银行仓前支行 4050007880808

地址：吉林市仓前区下泽街 42 号

（15）公司名称：天津大港油田钻井公司

开户行及账号：工商银行大港支行 805654320808

纳税人识别号：120456123456893

地址：天津市大港路 43 号

电话：24581234

（16）公司名称：新疆油田钻井公司

开户行及账号：工商银行胜利支行 805654328504

纳税人识别号：120456123450987

地址：新疆维吾尔族自治区胜利南路 84 号

电话：24586609

（17）公司名称：海河市海湾公司

开户行及账号：工商银行海湾支行 406805654321414

纳税人识别号：120456123456406

地址：海河市海湾路 56 号

电话：24581368

（18）公司名称：海河市艺林会展公司

开户行及账号：工商银行艺林支行 405547814589

纳税人识别号：120000113445788

地址：海河市河西区艺林路 40 号

（19）公司名称：海河市电视有限公司

开户行及账号：工商银行海苑支行 306123476507

纳税人识别号：120000113545788

地址：海河市河东区工业路 50 号

（20）公司名称：海河市立达设备厂

开户行及账号：工商银行海苑支行 306123476588

纳税人识别号：120000113448876

地址：海河市西单路 122 号

（21）公司名称：海河市新华技术学院

开户行及账号：工商银行新华支行 306123478848

纳税人识别号：120000113545745

地址：海河市新华区工农路 59 号

（22）公司名称：劝业股份有限公司

开户行及账号：工商银行海苑支行 306123476512

纳税人识别号：12000113445767

地址：海河市六大道 78 号

（23）公司名称：湖南热能工程公司

开户行及账号：工商银行玉衡支行 605123123456

纳税人识别号：130123123456789

地址：湖南省长沙市玉衡街 60 号

电话：0371-86661236

第二节　模拟实验案例企业期初账户余额资料

表 3-1　企业 20×× 年 12 月初账户余额资料表

科目编码	一级科目名称	二级科目名称	期初数量	余额方向	期初余额
1001	库存现金			借	8 860.00
1002	银行存款			借	18 905 172.52
100201		工商银行海苑支行（基本账户）		借	18 657 745.72
100202		海河银行滨海支行（一般账户）		借	247 426.80
1012	其他货币资金			借	0.00
1101	交易性金融资产			借	0.00
1121	应收票据			借	15 795 000.00
112101		吉林油田		借	0.00
112102		新疆油田		借	15 795 000.00
1122	应收账款			借	44 625 600.00
112201		大庆油田		借	9 406 800.00
112202		湖南热能		借	0.00
112203		天津大港油田钻井公司		借	18 813 600.00
112204		新疆油田钻井公司		借	15 795 000.00
112205		海湾公司		借	610 200.00
112206		山东热能公司		借	0.00
1123	预付账款			借	0.00
1221	其他应收款			借	30 000.00
122101		总经理办公室刘红		借	6 000.00
122102		采购部李明		借	9 000.00
122103		采购部王方		借	0.00
122104		销售部张兰		借	9 000.00
122105		后勤部赵亮		借	6 000.00
122106		后勤部吴玲		借	0.00
1222	应收股利			借	0.00
1231	坏账准备			贷	108 000.00
1401	材料采购			借	0.00
140101		废钢铁		借	0.00
140102		海绵铁		借	0.00
140103		铸铁块		借	0.00
1403	原材料			借	17 905 200.00
140301		海绵铁	4800 吨	借	4 253 040.00

续表

科目编码	一级科目名称	二级科目名称	期初数量	余额方向	期初余额
140302		废钢铁	3600 吨	借	7 550 400.00
140303		铸铁块	1200 吨	借	3 104 640.00
140304		接箍 200#	600 个	借	345 600.00
140305		接箍 150#	960 个	借	345 600.00
140306		接箍 240#	1800 个	借	1 048 800.00
140307		保护环	11100 个	借	882 000.00
140308		丝扣油	1800 千克	借	84 000.00
140309		油漆	6000 千克	借	60 000.00
140310		防腐剂（辅助车间）	120 桶	借	3 120.00
140311		传动轴	600 个	借	228 000.00
140312		废料			0.00
1404	材料成本差异			借	0
140401		废钢铁			0.00
140402		海绵铁			0.00
140403		铸铁块			0.00
1411	周转材料			借	234 480.00
141101		接箍周转箱在库	120 个	借	33 000.00
141102		接箍周转箱在用	120 个	借	33 000.00
141103		保护环周转箱在库	120 个	借	42 000.00
141104		保护环周转箱在用	120 个	借	42 000.00
141105		刀具	48 把	借	12 480.00
141106		工作服	900 套	借	72 000.00
141107		保护环周转箱摊销			
1405	库存商品			借	43 553 175.22
140501		地质井管 200#	1200 吨	借	5 654 515.81
140502		地质井管 150#	600 吨	借	8 784 871.81
140503		地热管 240#	1800 吨	借	10 478 927.60
140504		地热管 180#	3840 吨	借	18 634 860.00
1471	存货跌价准备			借	0.00
1511	长期股权投资			借	48 000 000.00
151101		锦江宾馆		借	48 000 000.00
1601	固定资产			借	357 600 000.00
16010101		厂房（基本生产车间）		借	45 000 000.00
16010102		厂房（辅助生产车间）		借	3 000 000.00
16010103		厂房（管理部门）		借	12 000 000.00
16010201		设备（基本生产车间）		借	279 000 000.00
16010202		设备（辅助生产车间）		借	9 000 000.00

续表

科目编码	一级科目名称	二级科目名称	期初数量	余额方向	期初余额
50010301		地热管 240#（直接材料）		借	832 845.60
50010302		地热管 240#（直接人工）		借	26 421.75
50010303		地热管 240#（燃动力）		借	97 200.00
50010304		地热管 240#（制造费用）		借	36 990.45
成本小计				借	3 875 215.80
6001	主营业务收入			平	574 752 000.00
		200#			207 000 000.00
		150#			172 080 000.00
		240#			131 592 000.00
		180#			64 080 000.00
6051	其他业务收入			平	1 440 000.00
6101	公允价值变动损益			平	0.00
6111	投资收益			平	0.00
6301	营业外收入			平	276 000.00
6401	主营业务成本			平	504 460 864.80
		200#			178 961 268.00
		150#			146 027 112.00
		240#			111 941 584.80
		180#			67 530 900.00
6402	其他业务成本			平	549 124.50
6403	营业税金及附加			平	6 521 002.20
6601	销售费用			平	3 863 200.00
		广告费			3 496 000.00
		运输费		平	360 000.00
6602	管理费用			平	12 767 762.48
660201		办公费		平	786 864.00
660202		差旅费		平	307 820.00
660203		工资		平	4 550 000.00
660204		折旧		平	2 113 200.00
660205		修理费		平	150 000.00
660206		业务招待费		平	413 160.00
660207		班车费		平	296 400.00
660208		无形资产摊销		平	660 000.00
660209		工会经费		平	614 292.00
660210		教育经费		平	484 365.00
660211		三险一金		平	2 204 944.00
660212		其他		平	186 717.48

续表

科目编码	一级科目名称	二级科目名称	期初数量	余额方向	期初余额
660213		税费		平	0.00
660214		咨询费		平	0.00
6603	财务费用			平	6 060 000.00
660301		手续费		平	210 000.00
660302		利息费用		平	5 850 000.00
6701	资产减值损失			平	0.00
6711	营业外支出			平	470 400.00
6801	所得税费用			平	10 443 911.51

第四章 会计实务模拟实验案例企业经济业务内容

业务12-1 凭证略

········∗··∗···········

业务12-2

中国工商银行海苑支行收费凭据

20××年12月1日

付款人名称	海河钢管制造有限责任公司			付款人账号	3061234567890000006									上述款项请从我账户中支付	记账联附件
服务项目（凭证种类）	数量	工本费	手续费	小计											
				百	十	万	千	百	十	元	角	分			
现金支票	2	5	15						4	0	0	0			
转账支票	2	5	25						6	0	0	0			
														预留印鉴：	
人民币（大写）	壹佰元整							￥	1	0	0	0	0		
以下在购买凭证时填写															
领购人姓名	丁茜		领购人证件类型												
			领购认证件号码												

（中国工商银行海苑支行 20××.12.01 转讫）

事后监督：王黎　　　　　　　　　　　　　　　　　　　　　　记账：何卿

业务 1

1 日,将上月暂估入账材料红字冲回。

提示:从天津废旧钢铁回收公司购入的废钢铁 3 000 吨,以每吨 2 600 元暂估入账,未收到结算票据。

业务 2

1 日,从开户银行购入现金支票、转账支票各 2 本,现金支票每本手续费 15 元,转账支票每本手续费 25 元,工本费每本一律 5 元。

提示:现金支票号 Ⅱ 0601-0650;转账支票号 Ⅱ 4651-4700。

业务 12-3-1

海河市增值税专用发票

NO.0828319

发票联

开票日期：20×× 年 12 月 2 日

购货单位	名　　称：海河钢管制造有限责任公司 纳税人识别号：120000123456789 地址、电话：海河市五大道 107 号　022-20060066 开户行及账号：工商银行海苑支行　3061234567890000006	密码区	（略）

货物及应税劳务名称	规格型号	单位	数量	单价	金　额	税率	税　额
接箍	150#	个	6 000	320.00	1 920 000.00	17%	326 400.00
接箍	200#	个	12 000	480.00	5 760 000.00	17%	979 200.00
接箍	240#	个	3 600	380.00	1 368 000.00	17%	232 560.00
合　　计					9 048 000.00		1 538 160.00
价税合计（大写）	壹仟零伍拾捌万陆仟壹佰陆拾元整				（小写）￥10 586 160.00		

货款未付

销货单位	名　　称：海河配件有限公司 纳税人识别号：720000678678789 地址、电话：海河市光明路 80 号 开户行及账号：工商银行前进支行　705123123789	备注	720000678678789 发票专用章

收款人：冯明　　　　复核：刘瑞　　　　开票人：王昆　　　　销货单位：

- - - - - - - - - - - - - ✂ - ✂ - - - - - - - - - - - - -

业务 12-3-2

入　库　单

发货仓库：材料库　　　　　　　　　　　　　　　　　　　　　　　　第 01 号

提货单位：海河配件有限公司　　　　　　　　　　　　　　　　20×× 年 12 月 2 日

名　称	规　格	单　位	数　量	单价（元）	总价（元）	备注
接箍	200#	个	12 000	480.00	5 760 000.00	
接箍	150#	个	6 000	320.00	1 920 000.00	
接箍	240#	个	3 600	380.00	1 368 000.00	
合计					9 048 000.00	

负责人：吴玲　　　　　　　　　　　　　　　　　　　　　　　　经手人：王方

业务3

2日，根据企业生产计划，从海河配件有限公司订购的生产所需接箍已到达，货款已付。

名称	数量	单价	价款金额	税款金额	价税合计
接箍 200#	12 000	480	5 760 000	979 200	6 739 200
接箍 150#	6 000	320	1 920 000	326 400	2 246 400
接箍 240#	3 600	380	1 368 000	232 560	1 600 560
合计			9 048 000	1 538 160	10 586 160

业务 12-3-3

中国工商银行
转账支票存根
Ⅱ 4651

科　　目　_____
对方科目　_____
出票日期 20×× 年 12 月 2 日
收款人：海河配件有限公司
金　　额：¥10 586 160.00
用　　途：购买材料

单位主管　　　　会计

业务 12-4-1

沈阳市增值税专用发票

NO.0928319

发票联　　　　　　开票日期：20×× 年 12 月 2 日

购货单位	名　　称：海河钢管制造有限责任公司 纳税人识别号：120000123456789 地址、电话：海河市五大道107号　022-20060066 开户行及账号：工商银行海苑支行　3061234567890000006	密码区	（略）

货物及应税劳务名称	规格型号	单位	数量	单价	金额	税率	税额
保护环		个	36 000	60.00	2 160 000.00	17%	367 200.00
合　计					2 160 000.00		367 200.00

价税合计（大写）　贰佰伍拾贰万柒仟贰佰元整　　（小写）¥2 527 200.00

销货单位	名　　称：沈阳塑料制品有限公司 纳税人识别号：320000678674056 地址、电话：辽宁省沈阳市种福寺前街8号 开户行及账号：工商银行永南支行　705123123501	备注	

收款人：王明　　复核：刘美　　开票人：李强　　销货单位：

业务 4

2 日，根据企业生产计划，从沈阳塑料制品有限公司订购生产所需保护环 36 000 个已到达，单价 60 元。货款已付。

业务12-4-2

入 库 单

发货仓库：材料库　　　　　　　　　　　　　　　　　　　第 02 号

提货单位：沈阳塑料制品有限公司　　　　　　　　　　20××年12月2日

名　称	规　格	单　位	数　量	单价（元）	金额（元）	备注
保护环		个	36 000	60.00	2 160 000.00	

负责人：吴玲　　　　　　　　　　　　　　　　　　经手人：王方

二、交会计

业务12-4-3

中国工商银行

转账支票存根

Ⅱ　4652

科　　目＿＿＿＿＿＿＿＿

对方科目＿＿＿＿＿＿＿＿

出票日期20××年12月2日

收款人：沈阳塑料制品有限公司

金　额：¥2 527 200.00

用　途：购买材料

单位主管　　　　　会计

业务 12-5-3

中国工商银行
　　转账支票存根
　　　Ⅱ　4653

科　　目＿＿＿＿＿＿＿＿

对方科目＿＿＿＿＿＿＿＿

出票日期 20××年 12 月 2 日

| 收款人：海河市油漆有限公司 |
| 金　额：￥982 800.00 |
| 用　途：购买材料 |

单位主管　　　　会计

业务 12-6-1

海河市增值税专用发票

NO.0356853

发票联　　　　　　　　开票日期：20××年 12 月 2 日

购货单位	名　　　称：海河钢管制造有限责任公司 纳税人识别号：120000123456789 地址、电话：海河市五大道 107 号 022-20060066 开户行及账号：工商银行海苑支行 306123456789000006	密码区	（略）

货物及应税劳务名称	规格型号	单位	数量	单价	金额	税率	税额
海绵铁		吨	3 000	3 500.00	10 500 000.00	17%	1 785 000.00
合　计							

| 价税合计（大写） | 壹仟贰佰贰拾捌万伍仟元整 | （小写）￥12 285 000.00 |

销货单位	名　　　称：鞍山钢铁有限公司 纳税人识别号：120000128504412 地址、电话：鞍山市河西区鞍钢路 45 号 开户行及账号：工商银行永安支行 405547814567	备注	

收款人：朱全　　　　复核：杭方　　　　开票人：金伟　　　　销货单位：

（货款未付）

业务 7

2 日，生产车间领出生产用料。

提示：（1）本月投产 200# 地质井管 3 600 吨，150# 地质井管 2 160 吨，240# 地热管 1 440 吨；

（2）三种产品按产成品与主要材料（海绵铁、废钢铁和铸铁块）1 吨比 1.1 吨比例投料，采用计划成本计价；

（3）200# 地质井管和 150# 地质井管三种主料的配比为 4∶4∶2，240# 地热管和 180# 地热管三种主料的配比为 3∶4∶3；

（4）其他辅料的耗用定额为：每吨钢管用接箍 3 个，保护环 6 个，丝扣油 0.25 千克，油漆 5 千克；

（5）基本生产车间月度分 2 批次领料；

（6）辅料防腐剂为辅助车间使用，本月初一次全部领出；

（7）领出原材料只需记录仓库明细账。

业务 12-7-3

领 料 单

仓库：__材料库__　　　　　　　　　　　　　　　　　　　　　　第 03 号

单位：__基本生产车间__　　　　　　　　　　　　　　　　20××年 12 月 2 日

名 称	规 格	单 位	数 量	单价（元）	金额（元）	备注
保护环		个	21 600	60	1 296 000.00	
丝扣油		千克	900	28	25 200.00	
油漆		千克	18 000	20	360 000.00	
合计						

负责人：刘佳　　　　　　　　　　　　　　　　经手人：吴玲

二、交会计

业务 12-7-4

领 料 单

仓库：__材料库__　　　　　　　　　　　　　　　　　　　　　　第 03 号

单位：__基本生产车间__　　　　　　　　　　　　　　　　20××年 12 月 2 日

名 称	规 格	单 位	数 量	单价（元）	金额（元）	备注
防腐剂		桶	15	40	600.00	
合计						

负责人：刘佳　　　　　　　　　　　　　　　　经手人：吴玲

二、交会计

业务 12-8　　　　　　　　　　　　　　　　　　　　　　　　　　　　　　第 8 号

委托收款 凭证（收账通知） ④

委托号码：0689

委托日期 20××年12月3日　　　付款期限：20××年12月5日

付款人	全　称	天津大港油田钻井公司	收款人	全　称	海河钢管制造有限责任公司
	账号或地址	天津市大港路43号 805654320808		账　号	海河市五大道107号 3061234567890000006
	开户银行	工商行大港支行		开户银行	工商银行海苑支行

委电

委收金额	人民币（大写）：壹仟捌佰捌拾壹万叁仟陆佰元整	千	百	十	万	千	百	十	元
		1	8	8	1	3	6	0	0

款项内容	货款	委托收款凭据名称		附寄单证张数	

备注：

电划

款项收托日期　　年　月　日

收款人开户银行盖章
20××年12月3日

中国工商银行海苑支行
20××.12.03

此联收款人开户行给收款人的回单

单位主管：张新　　　会计：于辉　　　复核：　　　记账：

------------------------------- ✂ ------------------------------- ✂ -------------------------------

业务 12-9

借 款 单

资金性质　现金　　　　　　　　20××年12月3日

借款部门：采购部
借款理由：预借差旅费
借款数额：人民币（大写）肆仟捌佰元整　　　￥4 800.00
本单位负责人意见：
领导意见：　　　　　会计主管人员核批：　　　　　付款记录： 同意　　张兰　　　同意　　刘梅

出纳：王丽　　　　　　　　　　　　　　　　借款人：王方

业务 8

3日，收到银行入账通知单，11月份大港油田所欠货款 18 813 600 元已汇入企业账户。

业务 9

3日，采购部王方预借差旅费 4 800 元，前往鞍山采购材料，以现金支付。

业务 12-10

中国工商银行
现金支票存根
Ⅱ 0601

科　目 _____
对方科目 _____
出票日期 20××年12月3日
收款人：王丽
金　额：￥18 000.00
用　途：备用金

单位主管　　　会计

业务 12-11-2

中国工商银行
转账支票存根
Ⅱ 4654

科　目 _____
对方科目 _____
出票日期 20××年12月4日
收款人：张兰
金　额：￥3 052.80
用　途：报销展览费用等开支

单位主管　　　会计

业务 12-11-1

海河市增值税普通发票
发票联

NO.0366554

开票日期：20××年12月4日

购货单位	名　称：海河钢管制造有限责任公司 纳税人识别号：120000123456789 地址、电话：海河市五大道107号　022-20060066 开户行及账号：工商银行海苑支行　3061234567890000006	密码区	（略）

货物及应税劳务名称	规格型号	单位	数量	单价	金额	税率	税额
展览费					2 880.00	6%	172.80
合　计							

价税合计（大写）	叁仟零伍拾贰元捌角	（小写）￥3 052.80

销货单位	名　称：海河市艺林会展公司 纳税人识别号：120000113445788 地址、电话：海河市河西区艺林路40号 开户行及账号：工商银行艺林支行　405547814589	备注	120000113445788 发票专用章

收款人：马然　　　复核：田方　　　开票人：王婷　　　销货单位：

业务 10

3 日，财务部王丽提取现金 18 000 元备用。

提示：企业库存现金定额为 50 000 元。

业务 11

4 日，销售部张兰报销展览费等费用，价税合计 3 052.8 元，用银行存款支付。

提示：企业采用定额备用金制度。"营改增"后，对展览费按 6% 征收增值税。

业务 12-11-3

付 款 凭 单

20××年12月4日　　　　编号　012

交　付	销售部张兰						
付款事由	报销展览费用等开支						
金　额	万	千	百	十	元	角	分
	¥	3	0	5	2	8	0

人民币：叁仟零伍拾贰元捌角

批准人：　　　　出纳：王丽　　　　申请人：张兰　　　　经手人签字盖章：

（海河钢管制造有限责任公司 财务专用章）

业务 12-12

中国工商银行业务委托书（记账凭证）

日期：贰零××年 壹拾贰月零肆日　　　　海 00434873

业务类型	□电汇　□信汇　□本票申请书　☑汇票申请书　□其他_____		
汇款人	全称	海河钢管制造有限责任公司	
	账号或住址	3061234567890000006	
	开户银行	工商银行海苑支行	
收款人	全称	鞍山钢铁有限公司	
	账号或住址	405547814567	
	开户银行	工商银行永安支行	

金额：亿 千 百 十 万 千 百 十 元 角 分
　　　　　　　¥ 5 4 7 8 0 0 0 0 0

金额（大写）：伍佰肆拾柒万捌仟元整

密码：　　　　加急汇款签字：　　　　上列款项及相关费用请从我账户内支付

用途：购材料

（中国工商银行海苑支行 20××.12.04 转讫）

备注：　　　　客户签单：

事后监督：　　会计主管：张新　　复核：李明　　记账：于辉

第一联 记账单

业务 15

5 日，新疆油田钻井公司购 200# 地质井管 3 000 吨，单价 7 800 元；150# 地质井管 1 800 吨，单价 7 000 元。根据购销合同对方单位交来 3 个月期商业承兑汇票一张。

业务 12-15-2

海河市增值税专用发票

记账联

NO.0983272

此联不作报效、扣款凭证使用　　　　　　　开票日期：20××年12月5日

购货单位	名　　　称：新疆油田钻井公司	密码区	（略）
	纳税人识别号：120456123450987		
	地　址、电　话：新疆维吾尔族自治区胜利南路84号　24586609		
	开户行及账号：工商银行胜利支行　805654328504		

货物或应税劳务名称	规格型号	单位	数　量	单　价	金　额	税率	税　额
合　　　计							

价税合计（大写）		（小写）

销货单位	名　　　称：海河钢管制造有限责任公司	备注	120000123456789 发票专用章
	纳税人识别号：120000123456789		
	地　址、电　话：海河市五大道107号　022-20060066		
	开户行及账号：工商银行海苑支行　3061234567890000006		

收款人：丁茜　　　复核：王梅　　　开票人：何杰　　　销货单位：

------ ✂ ------ ✂ ------

业务 12-15-3

出　库　单

发货仓库：成品库　　　　　　　　　　　　　　　　　　　　　　第 1 号

提货单位：新疆油田钻井公司　　　　　　　　　　　　　　　20××年 12 月 5 日

名　称	规　格	单　位	数　量	单价（元）	总价（元）	备注
地质井管	200#	吨	3 000	7 800.00	23 400 000.00	
地质井管	150#	吨	1 800	7 000.00	12 600 000.00	
合计					36 000 000.00	

负责人：王雷　　　　　　　　　　　　　　　　　　经手人：李可

业务 16

6日,从北方证券公司以每股12元价格购进长城钢铁公司股票300 000股作为交易性金融资产,其中包含已宣告但尚未发放的现金股利每股0.2元。另支付相关费用12 800元,款项通过银行存款划拨。

业务 12-17-1

海河市增值税专用发票

NO.0983286

记账联

此联不作报效、扣款凭证使用　　　　开票日期：20××年12月6日

购货单位	名　称：山东热能公司 纳税人识别号：21123553221124 地址、电话：山东河南路12号　0215-8968888 开户行及账号：工商银行河南路支行　433542222125	密码区	（略）

货物或应税劳务名称	规格型号	单位	数量	单价	金额	税率	税额
合　计	货款未付						

价税合计（大写）　　　　　　　　　　　　　　　　　（小写）

销货单位	名　称：海河钢管制造有限责任公司 纳税人识别号：120000123456789 地址、电话：海河市五大道107号　022-20060066 开户行及账号：工商银行海苑支行　3061234567890000006	备注	120000123456789 发票专用章

收款人：丁茜　　　复核：王梅　　　开票人：何洁　　　销货单位：

第四联 记账联 销货方记账凭证

业务 12-17-2

出　库　单

发货仓库：　成品库　　　　　　　　　　　　　　　　第 2 号

提货单位：　山东热能公司　　　　　　　　　　　20××年 12月 6日

名　称	规　格	单　位	数　量	单价（元）	总价（元）	备注
地热管	180#	吨	600	7 200.00	4 320 000.00	
合计					4 320 000.00	

负责人：王雷　　　　　　　　　　　　　　　经手人：李可

业务17

6日，山东热能公司购180#地热管600吨，单价7 200元。根据购销合同对方单位货款付款条件为2/10，1/20，n/30。

业务12-18　　　　　　　　　　　　　　　　　　　　第18号

委托收款 凭证（收账通知） ④　　委收号码：9969

委托日期 20××年12月6日　　付款期限：20××年12月9日

付款人	全称	新疆油田钻井公司	收款人	全称	海河钢管制造有限责任公司
	账号或地址	新疆维吾尔自治区胜利南路84号　805654328504		账号	海河市五大道107号 306123456789000006
	开户银行	工商银行胜利支行		开户银行	工商银行海苑支行

委收金额　人民币（大写）：叁佰柒拾玖万伍仟元整　　¥ 3 7 9 5 0 0 0

款项内容：货款　　委托收款凭据名称：　　附寄单证张数：

中国工商银行海苑支行　20××.12.06

备注：电划

款项收托日期　年　月　日

收款人开户银行盖章　20××年12月6日

单位主管：张新　　会计：于辉　　复核：　　记账：

业务12-19

中国工商银行

转账支票存根

Ⅱ 4658

科　目＿＿＿＿＿＿

对方科目＿＿＿＿＿＿

出票日期 20××年12月6日

收款人：海河银行滨海支行

金　额：¥6 600 000.00

用　途：缴纳上月税金

单位主管　　会计

业务 18

6 日,收到新疆油田钻井公司前欠账款 3 795 000 元。

业务 19

6 日,开出转账支票,将基本存款账户 6 600 000 元转入纳税存款账户,用于缴纳上月未缴税金。

业务 12-20-1

中华人民共和国
税收通用缴款书

国

海国缴电 0890682 号

录属关系：
经济类型：有限责任　　　填发日期：20×× 年 12 月 7 日　　征税机关：海苑区国税分局

缴款单位人	代　码	123456789	预算科目	编　码	略
	全　称	海河钢管制造有限责任公司		名　称	略
	开户银行	海河银行滨海支行		级　次	略
	账　户	3081234567890000008	收款国库		略

税款所属时期：20××-11-01--20××-11-30　　税款限缴时期：20××-12-7

税种/税目	计税金额	税率	税额
增值税		17%	5 870 022.00

金额合计（大写）　伍佰捌拾柒万零贰拾贰元整　　　　　　　￥5 870 022.00

缴款单位（人）（盖章）　税务机关（盖章）　上列款项已收妥，并转收款单位账户　备注　转讫
经办人（章）　填票人（章）　国库（银行）盖章　20×× 年 12 月 7 日

无银行收讫章无效　　　　　　　　逾期不缴按税法规定加收滞纳金

----------✂----------------------------✂----------

业务 12-20-2

中华人民共和国
税收通用缴款书

地

海地缴电 0890653 号

录属关系：
经济类型：有限责任　　　填发日期：20×× 年 12 月 7 日　　征税机关：海苑区地税分局

缴款单位人	代　码	123456789	预算科目	编　码	略
	全　称	海河钢管制造有限责任公司		名　称	略
	开户银行	海河银行滨海支行		级　次	略
	账　户	3081234567890000008	收款国库		略

税款所属时期：20××-11-01--20××-11-30　　税款限缴时期：20××-12-7

税种/税目	计税金额	税率	税额
个人所得税			54 150.00

金额合计（大写）　伍万肆仟壹佰伍拾元整　　　　　　　￥54 150.00

缴款单位（人）（盖章）　税务机关（盖章）　上列款项已收妥，并转收款单位账户　备注　转讫
经办人（章）　填票人（章）　国库（银行）盖章　20×× 年 12 月 7 日

无银行收讫章无效　　　　　　　　逾期不缴按税法规定加收滞纳金

业务 20

7 日,缴纳上月未交增值税 5 870 022 元,城建税 410 901.54 元,教育费附加 176 100.66 元,个人所得税 54 150 元。

业务 12-20-3

中华人民共和国税收通用缴款书

地

海地缴电 0890654 号

录属关系：
经济类型：有限责任　　填发日期：20××年12月7日　　征税机关：海苑区地税分局

缴款单位人	代　码	123456789	预算科目	编　码	略
	全　称	海河钢管制造有限责任公司		名　称	略
	开户银行	海河银行滨海支行		级　次	略
	账　户	3081234567890000008		收款国库	略

税款所属时期：20××-11-01--20××-11-30　　税款限缴时期：20××-12-7

税种/税目	计税金额	税率	税额
城市维护建设税			410 901.54
教育费附加			176 100.66

金额合计（大写）：伍拾捌万柒仟零贰元贰角　　￥587 002.20

缴款单位（人）（盖章）　　税务机关（盖章）　　上列款项已收妥，并划转收款单位账户

经办人（章）　　填票人（章）　　国库（银行）盖章　20××年12月7日

备注：转讫

无银行收讫章无效　　　　　逾期不缴按税法规定加收滞纳金

海河银行滨海支行 20××.12.07

第一联 收据 银行盖章后退缴款单位 作完税凭证

业务 12-21-1

海河钢管制造有限责任公司

工 资 结 算 汇 总 表

20×年12月7日

车间、部门		应 发 工 资					缺勤扣款			合计	代扣款项						实发金额
		岗位工资	综合奖金	岗位津贴	回民津贴	夜班津贴	病假	事假			养老保险	医疗保险	失业保险	住房公积金	个人所得税	小计	
基本生产车间	生产工人	1 620 780	247 884	23 100	600	16 736	1 100	1 200		1 906 800	152 544	38 136	19 068	190 680	43 667	444 095	1 462 705
	管理工人	56 525	9 310		150	800	135	150		66 500	5 320	1 330	665	6 650	1 523	15 488	51 012
辅助生产车间	生产工人	26 180	4 004	500		400	140	144		30 800	2 464	616	308	3 080	706	7 174	23 626
	管理工人	8 925	1 575							10 500	840	210	105	1 050	241	2 446	8 054
企业管理部门		290 063	47 775		280	3 900	410	358		341 250	27 772	6 968	3 484	34 840	7 713	80 777	260 473
医务及福利部门		7 438	1 225			87				8 750	900	200	100	1 000	300	2 500	6 250
合 计		2 009 911	311 773	23 600	1 030	21 923	1 785	1 852		2 364 600	189 840	47 460	23 730	237 300	54 150	552 480	1 812 120

复核人：王梅　　　　　　　　　　　　　　　　　　　　　　制表人：孙亮

业务 21

7日,将本月实发工资通过银行转入个人账户,共计1 812 120元。银行代发手续费每人1元。企业共计814人。开出转账支票支付手续费和支付工资。

提示:代发手续费计入管理费用。

业务 12-21-2

工商银行海河分行手续费凭证（回单）

20××年12月7日

付款人	全称	海河钢管制造有限责任公司	收款人	收款行	工商银行海苑支行
	账号或地址	3061234567890000006		收款科目	
	开户银行	工商银行海苑支行		收款账户	30612345678000000

单位签章	收费种类和标准	金额
预留印鉴	转账手续费	小写 ¥ 8 1 4 0 0
经手人章		大写 捌 壹 肆 零 零
		复核　　记账

中国工商银行海苑支行
20××.12.07
转讫

此联银行收款后退回单位的支款通知

业务 12-21-3

中国工商银行
转账支票存根
Ⅱ　4659

科　目 _____
对方科目 _____
出票日期 20××年12月7日

收款人：工商银行海苑支行
金　额：¥1 812 934.00
用　途：支付工资及手续费

单位主管　　会计

业务 12-22-1

同城特约委托收款 凭证（付款通知） 5

委托号码：1200402100815
委托日期 20××年12月7日
第 1000638018 号

付款人	全　称	海河钢管制造有限责任公司	收款人	全　称	海河市社会保险基金管理中心海河分中心
	账号或地址	3061234567890000006		账　号	3065678900000000000
	开户银行	工商银行海苑支行		开户银行	工商银行红旗支行

委收金额	人民币（大写）：贰拾叁万柒仟叁佰元整	千 百 十 万 千 百 十 元
		￥ 2 3 7 3 0 0

款项内容	结算日期：20××年12月7日	合同号码	单位代码：987654321	附寄单证张数

备　注：
养老保险：189 840 元
医疗保险：47 460 元

中国工商银行
海苑支行
★ 20××.12.07 ★
业务清讫

付款人注意：
1、公用事业收款人与你方签订合同后方能办理。
2、如无合同，可备函说明情况，予一个月内向收款单位办理同城特约委托收款，将原款返回。

此联收款人开户行给付款人的回单

单位主管：张晨　　会计：陈杰　　复核：张晨　　记账：刘越

------------------✂------------------✂------------------

业务 12-22-2

同城特约委托收款 凭证（付款通知） 5

委托号码：1201402100058
委托日期 20××年12月7日
第 1006788020 号

付款人	全　称	海河钢管制造有限责任公司	收款人	全　称	海河市河西区失业保险基金管理中心
	账号或地址	3061234567890000006		账　号	3065678800000000000
	开户银行	工商银行海苑支行		开户银行	工商银行红旗支行

委收金额	人民币（大写）：贰万叁仟柒佰叁拾元整	千 百 十 万 千 百 十 元
		￥ 2 3 7 3 0

款项内容	结算日期：20××年12月7日	合同号码	单位代码：987654321	附寄单证张数

失业保险：23 730 元

中国工商银行
海苑支行
★ 20××.12.07 ★
业务清讫

付款人注意：
1、公用事业收款人与你方签订合同后方能办理。
2、如无合同，可备函说明情况，予一个月内向收款单位办理同城特约委托收款，将原款返回。

此联收款人开户行给付款人的回单

单位主管：张晨　　会计：陈杰　　复核：张晨　　记账：刘越

业务 22

7 日，缴纳职工养老保险、医疗保险、失业保险、住房公积金。

提示：结算方式为同城特约委托收款。

业务 12-22-3

同城特约委托收款 凭证（付款通知） 5

委托号码：1200502100088

委托日期 20××年12月7日　　第 1000738015 号

付款人	全　称	海河钢管制造有限责任公司	收款人	全　称	海河市住房公积金管理中心
	账号或地址	3061234567890000006		账　号	258000125130000
	开户银行	工商银行海苑支行		开户银行	工商银行红旗支行

委收金额	人民币（大写）：贰拾叁万柒仟叁佰元整	千 百 十 万 千 百 十 元
		¥ 2 3 7 3 0 0

款项内容	结算日期：20××年12月7日	合同号码	单位代码：987654321	附寄单证张数

住房公积金：237 300元

中国工商银行 海苑支行 ★ 20××.12.07 ★ 业务清讫

付款人注意：
1、公用事业收款人与你方签订合同后方能办理。
2、如无合同，可备函说明情况，予一个月内向收款单位办理同城特约委托收款，将原款返回。

此联收款人开户行给付款人的回单

单位主管：张晨　　会计：陈杰　　复核：张晨　　记账：刘越

业务 12-23-1

北京市增值税专用发票

废旧　　发票联　　NO.0856879

开票日期：20××年12月7日

购货单位	名　称：海河钢管制造有限责任公司 纳税人识别号：120000123456789 地址、电话：海河市五大道107号　022-20060066 开户行及账号：工商银行海苑支行　3061234567890000006	密码区	（略）

货物及应税劳务名称	规格型号	单位	数量	单价	金额	税率	税额
废钢铁	1级	吨	3 000	2 574	7 722 000.00	17%	1 312 740.00
合　计							

货款未付

价税合计（大写）	玖佰零叁万肆仟柒佰肆拾元整	（小写）¥9 034 740.00

销货单位	名　称：天津废旧钢铁回收公司 纳税人识别号：120000123613790 地址、电话：天津市滨海区工业路90号 开户行及账号：工商行长城支行　405547854790	备注	天津废旧钢铁回收公司 120000123613790 发票专用章

收款人：韩雪　　复核：夏雨　　开票人：李静　　销货单位：

业务 23

7 日，收到从天津废旧钢铁回收公司购入废钢铁 3 000 吨结算票据，单价 2 574 元。当日开出转账支票付款。

提示：废钢铁计划价为 2 600 元。废旧物资增值税进项税扣减率为 17%。

业务 12-23-2

中国工商银行
转账支票存根
Ⅱ 4660

科　　目＿＿＿＿＿
对方科目＿＿＿＿＿

出票日期 20××年12月7日

收款人：天津废旧钢铁回收公司
金　　额：￥9 034 740.00
用　　途：购废钢铁

单位主管　　　会计

业务 12-24-1

固定资产报废单

20××年12月8日　　　　　　　　　　　　　编号：012

名称及型号	单位	数量	原值	已提折旧	净值	预计使用年限	实际使用年限	支付清理费	收回变价收入
运输车	辆	2	336 000	264 000	72 000	10年	10年	960	3 600
制造单位			出厂号		申请报废原因	正常报废			

主管人：王梅　　　　　　　　　　会计：顾兰

业务 12-24-2

付款凭单

20××年12月8日　　　　　　　　　　　编号 020

交　　付	××汽车公司
付款事由	支付固定资产清理费用
金　　额	万 千 百 十 元 角 分　　人民币（大写）：玖佰陆拾元整 　　　　￥ 9 6 0 0 0

批准人：王梅　　出纳：丁茜　　申请人：周明　　经手人签字盖章：顾兰

071

业务 24

8 日,提前报废 2 辆运输车,该运输车辆为 2004 年 8 月购买,原值 336 000 元,已提折旧 264 000 元,发生清理费用 960 元,以现金支付。残料作价 3 600 元已入库。

业务 12-24-3

入 库 单

发货仓库：材料库　　　　　　　　　　　　　　　　　　　　　第 05 号

提货单位：车队　　　　　　　　　　　　　　　　　　　　　20××年12月8日

名　称	规　格	单　位	数　量	单价（元）	总价（元）	备注
运输车残料					3 600.00	
合计					3 600.00	

负责人：马路　　　　　　　　　　　　　　　　经手人：顾兰

业务 12-25

中华人民共和国 税收通用缴款书

地

录属关系：　　　　　　　　　　　　　　　　　　　　　　海地缴电 0890655 号

经济类型：有限责任　　　填发日期：20××年12月8日　　征税机关：海苑区地税分局

缴款单位人	代　码	123456789	预算科目	编　码	略
	全　称	海河钢管制造有限责任公司		名　称	略
	开户银行	海河银行滨海支行		级　次	略
	账　户	3081234567890000008		收款国库	略

税款所属时期：20××-12-01——20××-12-31　　税款限缴时期：20××-12-8

税种/税目	计税金额	税率	税额
工会经费			47 292.00

金额合计（大写）：肆万柒仟贰佰玖拾贰元整　　　海河银行滨海支行　¥47 292.00　20××.12.08

缴款单位（盖章）　税务机关（盖章）　上列款项已收妥，办转收款单位账户　　备注：转讫

经办人（章）　填票人（章）　国库（银行）盖章　20××年12月8日

无银行收讫章无效　　　　　　　　　　　　逾期不缴按税法规定加收滞纳金

业务 25

8 日,划拨工会经费 47 292 元。

原始凭证:税收通用缴款书。

提示:工会经费由税务局代收,所以附通用缴款书。

业务 12-26

付 款 凭 单

20××年12月8日 编号 021

交　付	职工张海								
付款事由	职工生活困难补助								
金　额	万	千	百	十	元	角	分	人民币（大写）：陆佰元整	
		¥	6	0	0	0	0		

批准人：王梅　　　出纳：丁茜　　　申请人：周明　　　经手人签字盖章：顾兰

业务 12-27-1

中华人民共和国
印花税票销售凭证

地

（20××）海地印

填发日期　20××年12月9日　　　　　014789 号

购买单位	海河钢管制造有限责任公司		购买人	丁茜
购 买 印 花 税 票				
面值种类	数量	金额	面值种类	
壹角票	30	3.00	伍元票	50	250.00
贰角票	10	2.00	拾元票	61	610.00
伍角票	10	5.00	伍拾元票	30	1 500.00
壹元票	10	10.00	壹佰元票	10	1 000.00
贰元票	110	220.00	总计		3 600.00
金额总计（大写）叁仟陆佰元整				
销售单位（盖章）　　售票人（盖章）		备注		

第二联 购票单位作报销凭证

业务 26

8日,职工张海重病住院,企业以现金600元作为生活困难补助费。

业务 27

9日,开出转账支票一张,购买印花税票3 600元。

业务 12-27-2

中国工商银行

转账支票存根

Ⅱ 4661

科　　目 _____

对方科目 _____

出票日期 20××年12月9日

| 收款人：海河市地税局 |
| 金　　额：￥3 600.00 |
| 用　　途：购买印花税票 |

单位主管　　　　会计

业务 12-28

中国工商银行

转账支票存根

Ⅱ 4662

科　　目 _____

对方科目 _____

出票日期 20××年12月9日

| 收款人：海河市希望工程 |
| 金　　额：￥120 050.00 |
| 用　　途：捐款及手续费 |

单位主管　　　　会计

业务 12-29-1

商业承兑汇票（卡片）

AB 01 222256

1

出票日期　贰零××年壹拾贰月零玖日　　　第　号

付款人	全称	天津废旧钢铁回收公司	收款人	全称	海河钢管制造有限责任公司
	账号	405547854790		账号	3061234567890000006
	开户银行	工商行长城支行　行号 20234		开户银行	工商海苑支行　行号 30612

出票金额	伍佰捌拾叁万柒仟捌佰叁拾贰元整	千	百	十	万	千	百	十	元	角	分
		￥	5	8	3	7	8	3	2	0	0

| 汇票到期日 | 20××（+1）年3月9日 | 交易合同号码 | |

承兑人签章

承兑日期 20××年12月9日　　　　　　　　　出票人签章

此联付款人留存

业务 28

9日，通过海河市希望工程向陕北老区希望小学无偿捐赠人民币 120 000 元。

提示：（1）工商银行跨行转账手续费，柜台：

每笔 0.2 万元以下（含 0.2 万元），收费 2 元；

0.2 万~0.5 万元（含 0.5 万元），收费 5 元；

0.5 万~1 万元（含 1 万元），收费 10 元；

1 万~5 万元（含 5 万元），收费 15 元；

5 万元以上，按转账汇款金额的 0.05% 收取，最高收费 50 元。如客户要求实时到账，则在此基础上上浮 20%，但每笔最高收费标准不变。

（2）捐赠支出在会计核算中直接计入当期损益，计入"营业外支出"账户。对外捐赠表现为无偿将自己的财产送给相关利益人，捐赠资产包括现金资产和非现金资产。在捐赠业务发生时，会计上按照实际捐出资产的账面价值和应该支付的相关税费合计计入当期的"营业外支出"，抵减当期会计利润。因为捐赠行为不会引起所有者权益增加，仅仅表现为企业经济利益的流出，所以会计核算中不确认收益的实现。

业务 29

9日，从天津废旧钢铁回收公司购入废钢铁 1 800 吨，单价 2 772 元。价税合计 5 837 832 元。材料已经到达。货款采用三个月期商业承兑汇票付款。

提示：废钢铁计划价为 2 600 元。废旧物资增值税进项税扣减率为 17%。（生产企业增值税一般纳税人购入废旧物资回收经营单位销售的废旧物资，可按照废旧物资回收经营单位开具的由税务机关监制的普通发票上注明的金额，按 17% 计算抵扣进项税额。）

业务 12-29-2

北京市增值税专用发票

NO.0828704

发票联

废旧

开票日期：20××年12月9日

购货单位	名　　　称：海河钢管制造有限责任公司
	纳税人识别号：120000123456789
	地址、电话：海河市五大道107号　022-20060066
	开户行及账号：工商银行海苑支行　3061234567890000006

密码区：（略）

货物及应税劳务名称	规格型号	单位	数量	单价	金额	税率	税额
废钢铁	1级	吨	1 800	2 772	4 989 600.00	17%	848 232.00
合　　计							

货款未付

价税合计（大写）：伍佰捌拾叁万柒仟捌佰叁拾贰元整　　（小写）¥5 837 832.00

销货单位	名　　　称：天津废旧钢铁回收公司
	纳税人识别号：120000123613790
	地址、电话：天津市滨海区工业路90号
	开户行及账号：工商银行长城支行　405547854790

备注：（天津废旧钢铁回收公司 120000123613790 发票专用章）

收款人：韩雪　　复核：夏雨　　开票人：李静　　销货单位：

业务 12-29-3

入　库　单

发货仓库：材料库　　　　　　　　　　　　　　　　　　　　第 06 号

提货单位：天津废旧钢铁回收公司　　　　　　　　　　　　　20××年12月9日

名　称	规　格	单　位	数　量	单价（元）	总价（元）	备注
废钢铁		吨	1 800	2 600.00	4 680 000.00	计划价
合计					4 680 000.00	

负责人：吴玲　　　　　　　　　　　　　　　　　　　　经手人：王方

业务 12-30-1

中国工商银行电汇凭证（回单） 1 第 7014 号

委托日期 20×× 年 12 月 9 日 凭证号码：Ⅰ 01880412

付款人	全称	海河钢管制造有限责任公司	收款人	全称	鞍山钢铁公司
	账号或住址	306123456789000006		账号或住址	405547814567
	汇出地点	海河市	汇出行名称	海苑支行	汇入地点	辽宁省鞍山市	汇入行名称	永安支行

（中国工商银行海苑支行 20××.12.09 转讫）

金额 人民币（大写）：伍佰肆拾柒万伍仟陆佰元整　　¥ 5 475 600 00

汇款用途：支付鞍山钢铁公司货款

单位主管：　　会计：　　复核：　　记账：　　汇出行盖章：

业务 12-30-2

海河市增值税专用发票 NO.0356854

发票联　　开票日期：20×× 年 12 月 9 日

购货单位	名　　称：海河钢管制造有限责任公司
	纳税人识别号：120000123456789
	地址、电话：海河市五大道107号　022-20060066
	开户行及账号：工商银行海苑支行　306123456789000006

密码区（略）

货物及应税劳务名称	规格型号	单位	数量	单价	金额	税率	税额
铸铁块		吨	1 800	2 600.00	4 680 000.00	17%	795 600.00
合　　计							

价税合计（大写）　伍佰肆拾柒万伍仟陆佰元整　　（小写）¥ 5 475 600.00

销货单位	名　　称：鞍山钢铁有限公司
	纳税人识别号：120000128504412
	地址、电话：鞍山市河西区鞍钢路45号
	开户行及账号：工商银行永安支行　405547814567

备注：（鞍山钢铁有限公司　120000128504412　发票专用章）

收款人：朱全　　复核：杭方　　开票人：金伟　　销货单位：

业务 30

9日，从鞍山钢铁公司采购铸铁块 1 800 吨，单价 2 600 元，价税合计 5 475 600。材料尚未到达，货款通过开出的银行汇票支付，余款退回。

提示：铸铁块计划价为 2 450 元。

业务 12-31

入 库 单

发货仓库： 材料库　　　　　　　　　　　　　　　　　　　　　第 07 号

提货单位： 鞍山钢铁有限公司　　　　　　　　　　　　　20××年 12 月 10 日

名　称	规　格	单　位	数　量	单价（元）	金额（元）	备注
铸铁块		吨	1 800	2 450.00	4 410 000.00	计划价
合计					4 410 000.00	

负责人：王雷　　　　　　　　　　　　　　经手人：李可

二、交会计

业务 12-32

（成品）入 库 单

发货仓库： 成品库　　　　　　　　　　　　　　　　　　　　　第 01 号

　　　　　　　　　　　　　　　　　　　　　　　　　　　20××年 12 月 11 日

名　称	规　格	单　位	数　量	单价（元）	金额（元）	备注
地质井管	200#	吨	2 000			
地质井管	150#	吨	1 200			
地热井管	240#	吨	900			

负责人：王雷　　　　　　　　　　　　　　经手人：吴玲

二、交会计

业务 12-33-1

领 料 单

仓　库： 材料库　　　　　　　　　　　　　　　　　　　　　第 04 号

单　位： 基本生产车间　　　　　　　　　　　　　　20××年 12 月 11 日

名　称	规　格	单　位	数　量	单价（元）	金额（元）	备注
海绵铁		吨	1 504.8	3 300	4 965 840.00	计划价
废钢铁		吨	1 584	2 600	4 118 400.00	计划价
铸铁块		吨	871.2	2 450	2 134 440.00	计划价
合计						

负责人：刘佳　　　　　　　　　　　　　　经手人：吴玲

二、交会计

业务 31

10 日，从鞍山采购铸铁块 1 800 吨到达，计划价为 2 450 元 / 吨，验收入库。

业务 32

11 日，部分完工产品入库。

业务 33

11 日，生产车间领料。

业务 12-33-2

领 料 单

仓　库：材料库　　　　　　　　　　　　　　　　　　　　第 05 号

单　位：基本生产车间　　　　　　　　　　　　　　　20××年 12 月 11 日

名　称	规　格	单　位	数　量	单价（元）	金额（元）	备注
接箍	200#	个	5 400	480	2 592 000.00	
接箍	150#	个	3 240	320	1 036 800.00	
接箍	240#	个	2 160	380	820 800.00	
合计						

负责人：刘佳　　　　　　　　　　　　　　　　　经手人：吴玲

业务 12-33-3

领 料 单

仓　库：材料库　　　　　　　　　　　　　　　　　　　　第 06 号

单　位：基本生产车间　　　　　　　　　　　　　　　20××年 12 月 11 日

名　称	规　格	单　位	数　量	单价（元）	金额（元）	备注
保护环		个	21 600	60	1 296 000.00	
丝扣油		千克	900	28	25 200.00	
油漆		千克	18 000	20	360 000.00	
合计						

负责人：刘佳　　　　　　　　　　　　　　　　　经手人：吴玲

业务 12-33-4

领 料 单

仓　库：材料库　　　　　　　　　　　　　　　　　　　　第 07 号

单　位：辅助生产车间　　　　　　　　　　　　　　　20××年 12 月 11 日

名　称	规　格	单　位	数　量	单价（元）	金额（元）	备注
防腐剂		桶	15	40	600.00	
合计						

负责人：刘佳　　　　　　　　　　　　　　　　　经手人：吴玲

业务 12-34

海河市地方税务局通用机打发票

海河交通建设有限公司通行费发票

发票联

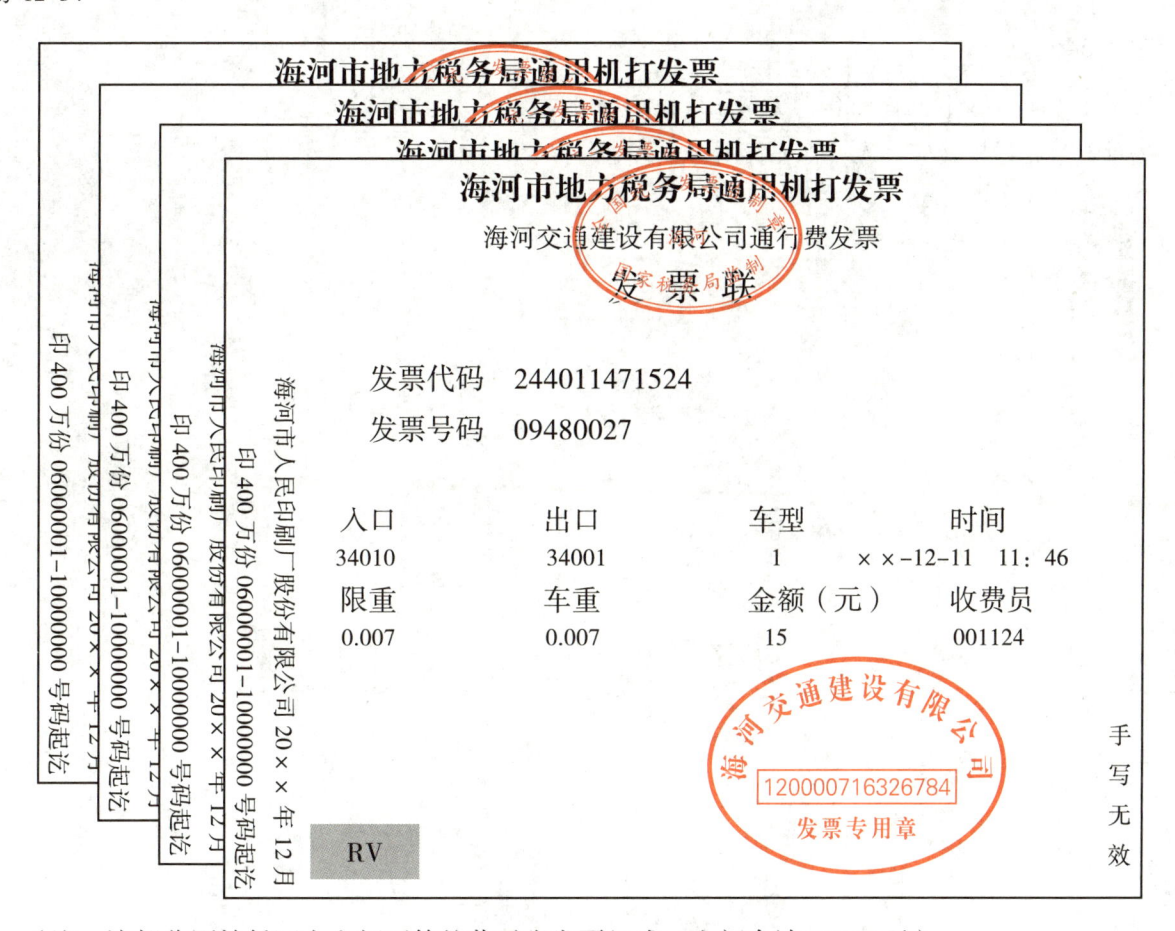

发票代码　244011471524
发票号码　09480027

入口	出口	车型	时间
34010	34001	1	××-12-11　11：46

限重	车重	金额（元）	收费员
0.007	0.007	15	001124

海河交通建设有限公司
12000071 6326784
发票专用章

手写无效

RV

（注：该部分原始凭证由金额不等的若干张发票组成，金额合计 20808 元）

业务 34

11 日,用现金支付过路过桥费等费用合计 20 808 元。

提示:过路过桥费应计入"管理费用——其他"。

业务 12-35

邮机 1125 甲

寄件人名址

Sender

交寄邮件计费单

RECEIPT FOR MALL EXPENSES

第一联（收据）B0123456

序号 No.	邮件种类 Mail class	邮件号码 Mail No	寄达地名 City of Destination	类别 文件 D	类别 物品 M	件数 Amount	每件 重量 Weight	每件 邮费 Postage	每件 保价 Insurance	每件 附加费 Extra	其他 Other	合计 Total	付费方式 Paying Fashion
1	外埠特快	100899	上海市	文		2	3	120.00		12.00		132.00	现金
2													
3													
4													
5													

总计邮费（大写）壹佰叁拾贰元整　　　　　　　　　　　　　　　　　（小写）￥132.00

赵玉梅　　　　　注：国内挂号信函自交寄之日起，5日后可受理查询。国内挂
号印刷品自交寄之日起，7日后可受理查询。特快专递邮件自交寄
收集日戳　　　收寄人员　　　　次日起，可以受理查询。

------------------------------✂------------------------------✂------------------------------

业务 12-36-1

中国工商银行

转账支票存根

Ⅱ　4663

科　　目＿＿＿＿＿＿

对方科目＿＿＿＿＿＿

出票日期 20×× 年 12 月 12 日

收款人：海河市交通管理局

金　额：￥1 200.00

用　途：支付车辆违规罚款

单位主管　　　会计

业务35

12日，以132元现金支付特快专递费用。

业务36

12日，公司车辆违规罚款1 200元。

提示：（1）机动车辆违章所交的罚款计入"营业外支出"科目，不能计入管理费用，罚款不能在税前列支。（2）税前列支中的"税"指的是企业所得税。税前列支就是可以是所得税前利润中抵扣的费用。由于会计法和税法存在了某些方面的差异，会计账务处理和税务处理对企业的收入与费用的认定口径不相同。

业务 12-36-2

海河市公安交通管理局海河支队
公安交通管理简易程序处罚决定书

编号：1205041003082680

被处罚人：<u>王丽</u>　　　　　　　　　　　　　　　　驾驶证档案编号：<u>120003229915</u>

机动车驾驶证/居民身份证号码：<u>120110197609061234</u>

准驾车型：<u>C1</u>　　　　　　　　　　　　　　　　　联系方式：<u>13612345678</u>

车辆牌号：<u>海 AR4269</u>　　　　　　　　　　　　　车辆类型：<u>小型汽车</u>

发证机关：<u>海河市公安交通管理局</u>

　　被处罚人于 20××年 12 月 ×× 日 <u>13 时 05 分</u>，在海河线王庆镇实施机动车违反规定停放违法行为（代码 1039）。违反了<u>《中华人民共和国道路交通安全法》第五十六条第一款</u>的规定，依据<u>《中华人民共和国道路交通安全法》第一百一十四条、第九十三条第二款</u>的规定，处罚款 <u>200</u> 元。

　　持本决定书在 15 日内到<u>工商银行（只限本市驾驶证）,农商银行 ATM 机等网点（网点详情请咨询 95534）</u>，缴纳罚款。逾期不缴纳的，需按罚款数额的 3% 缴纳罚款。

　　如不服本决定，可以在受到本决定书之日起 60 日<u>向海河市公安交通管理局</u>申请行政复议或者在 6 个月内向海河市海河区人民法院提起行政诉讼。

处罚地点：海河市公安交通管理局海河支队

交通警察：张丽华　　　　　　　　　　　　　　　　20××年 12 月 ×× 日

被处罚人签名：　　　　　　　　　　　　　　　　　　　　年　　月　　日

备注：　　　　　　　　　　　　　　　　　　　　　　被处罚人有无异议：

此联送达被处罚人　　　　　　　　　　　　　根据《机动车驾驶证申领和使用规定》记 3 分

注：同类凭证共 6 张，故省略

业务 12-37-1

差旅费报销单

单位名称：海河钢管制造有限公司　　　　　　出差起止日期：20××年12月3日至20××年12月13日

出差人姓名		王方	出差地点		鞍山		出差天数	10	事由：采购
车船及宿费	种类	票据张数	金额	出差补助费	出差地点	天数	标准	金额	报销结算情况
	火车费	2	460.00		鞍山	10	180	1 800.00	
	飞机费								
	长途汽车费								补付：960元
	市内电汽车费								
	住宿费	10	3 500.00						出纳：
	其他								
	小计		3 960.00					1 800.00	
合计金额	大写：肆仟贰佰贰拾元整					小写：￥5 760.00			负责人：

报账日期：20××年12月13日　　　　　　　　　　　　　　　　支领人：王方

---------✂---------------------------------✂---------

业务 12-37-2

（现金）付款凭单

20××年12月13日　　　　　　　　　　　　　　　　　　编号 022

交　付	采购部　王方								
付款事由	支付差旅费不足部分								
金　额	万	千	百	十	元	角	分	人民币（大写）：玖佰陆拾元整	
		￥	9	6	0	0	0		
批准人：王梅	出纳：丁茜			申请人：王方			经手人签字盖章：王方		

业务 37

13 日，王方从鞍山采购回来，报销差旅费共计 5 760 元，以现金 960 元支付不足部分。

提示：外出住宿每昼夜一般不得超过 400 元标准。异地出差每人每天补助 180 元，其中：出差期间每天伙食补贴人民币 60 元；每天交通费补贴不得超过 60 元。

业务 12-38

第 8 号

委托收款 凭证（收账通知） ④

委收号码：0690

委托日期 20××年12月13日　　付款期限：20××年12月16日

付款人	全称	山东热能公司	收款人	全称	海河钢管制造有限责任公司
	账号或地址	山东河南路12号 433542222125		账号	海河市五大道107号 306123456789 0000006
	开户银行	工商银行河南路支行		开户银行	工商银行海苑支行

委收金额	人民币（大写）：肆佰玖拾陆万捌仟元整	千	百	十	万	千	百	十	元
		¥	4	9	6	8	0	0	0

款项内容	货款	委托收款凭据名称		附寄单证张数	中国工商银行海苑支行 20××.12.13

备注：电划

款项收托日期　　年　月　日

收款人开户银行盖章　20××年12月13日

转讫

单位主管：张新　　会计：于辉　　复核：　　记账：

此联银行收款后退回单位的支款通知

业务 12-39

入 库 单

仓　库：材料库　　　　　　　　　　　　　　　　第 08 号
提货单位：生产车间　　　　　　　　　　　　　　20××年12月13日

名　称	规　格	单　位	数　量	单价（元）	总价（元）	备注
残料					120.00	

负责人：王雷　　　　　　　　　　　　　经手人：刘同

业务 38

13 日，收回山东热能公司 6 日购货欠款。货款已汇入企业账户。

提示：山东热能公司购 180# 地热管 600 吨，单价 7 200 元。10 日内付款，享受 2% 现金折扣。本业务以商品销售价款作为计算现金折扣的依据。纳税不涉及调整。

业务 39

13 日，生产车间报废保护环周转箱 60 个。残料估价 120 元入库。

提示：企业采用"五五摊销法"核算周转箱耗用。

业务 12-40

领　料　单

仓　　库：材料库　　　　　　　　　　　　　　　　　　　第 08 号
单　　位：基本生产车间　　　　　　　　　　　　　　　20××年 12 月 14 日

名　称	规　格	单　位	数　量	单价（元）	金额（元）	备注
保护环周转箱		个	60	350.00	21 000.00	
合计					21 000.00	

负责人：马丽　　　　　　　　　　　　　　　　经手人：乔方

业务 12-41-1

海河市增值税专用发票

记账联　　　　　　　　　　　　　　　　　　　　NO.0983287

此联不作报效务扣款凭证使用　　　　　　　开票日期：20××年 12 月 14 日

购货单位	名　　称：湖南热能工程公司 纳税人识别号：130123123456789 地址、电话：湖南省长沙市玉衡街 60 号　0731-86661236 开户行及账号：工商银行玉衡支行　605123123456	密码区	（略）

货物或应税劳务名称	规格型号	单位	数量	单价	金额	税率	税额
合　　计	货款未付						

价税合计（大写）　　　　　　　　　　　　　　　　（小写）

销货单位	名　　称：海河钢管制造有限责任公司 纳税人识别号：120000123456789 地址、电话：海河市五大道 107 号　022-20060066 开户行及账号：工商银行海苑支行　3061234567890000006	备注	（海河钢管制造有限责任公司 120000123456789 发票专用章）

收款人：丁茜　　　复核：王梅　　　开票人：何洁　　　销货单位：

业务 40

14 日，生产车间领用保护环周转箱 60 个，用于车间周转使用。

提示：保护环周转箱单位成本 350 元。

业务 41

14 日，向湖南热能工程公司销售 240# 地热井管 1 800 吨。单价 7 300 元。款未收。

业务 12-41-2

出 库 单

仓　　库：成品库　　　　　　　　　　　　　　　　　　　　第 03 号
提货单位：湖南热能工程公司　　　　　　　　　　　　　20××年12月14日

名　称	规　格	单　位	数　量	单价（元）	总价（元）	备注
地质井管	240#	吨	1 800	7 300.00	13 140 000.00	
合计					13 140 000.00	

负责人：王雷　　　　　　　　　　　　　　　　经手人：李可

业务 12-42

委托收款 凭证（付款通知） 5

委托号码：第 25 号
委托日期　20××年12月15日　　　　凭证号码：65989876

付款人	全　称	海河钢管制造有限责任公司	收款人	全　称	天津废旧钢铁回收公司
	账号或地址	海河市五大道 107 号 3061234567890000006		账号或地址	天津市滨海区工业路 90 号 405547854790
	开户银行	工商银行海苑支行		开户银行	工商银行长城支行
委收金额	人民币（大写）：陆佰万元整		千 百 十 万 千 百 十 元 ¥ 6 0 0 0 0 0 0		
款项内容	购材料	合同号码	附寄单证张数	1张	
备注：			付款人注意： 1.公用事业收款人与你方签订合同后方能办理。 2.如无合同，可备函说明情况，予一个月内向收款单位办理同城特约委托收款，将原款返回。		

（印章：中国工商银行海苑支行　20××.12.15　转讫）

单位主管：张晨　　　会计：陈杰　　　复合：张晨　　　记账：刘越

业务 42

15 日，支付前欠天津废旧钢铁回收公司货款 6 000 000 元。

提示：银行结算方式为委托收款。

业务 12-43

领 料 单

仓　库：材料库　　　　　　　　　　　　　　　　　　　　　第 10 号

单　位：基本生产车间　　　　　　　　　　　　　　　20××年 12 月 15 日

名　称	规　格	单　位	数　量	单价（元）	金额（元）	备注
刀具		把	30	260.00	7 800.00	
合计					7 800.00	

负责人：马丽　　　　　　　　　　　　　　　　经手人：乔方

二、交会计

业务 12-44-1

领 料 单

仓　库：材料库　　　　　　　　　　　　　　　　　　　　　第 11 号

单　位：基本生产车间　　　　　　　　　　　　　　　20××年 12 月 15 日

名　称	规　格	单　位	数　量	单价（元）	金额（元）	备注
工作服		套	700	80.00	56 000.00	
合计					56 000.00	

负责人：马丽　　　　　　　　　　　　　　　　经手人：乔方

二、交会计

业务 12-44-2

领 料 单

仓　库：材料库　　　　　　　　　　　　　　　　　　　　　第 12 号

单　位：辅助生产车间　　　　　　　　　　　　　　20××年 12 月 15 日

名　称	规　格	单　位	数　量	单价（元）	金额（元）	备注
工作服		套	14	80	1 120.00	
合计					1 120.00	

负责人：马丽　　　　　　　　　　　　　　　　经手人：乔方

二、交会计

业务 43

15 日,生产车间领用刀具 30 把。

提示:企业采用一次摊销法核算刀具耗用。刀具单位成本 260 元。

业务 44

15 日,基本生产车间领工作服 700 套,辅助车间领工作服 14 套。单位成本 80 元。

业务 12-45

中国工商银行 进账单（收账通知） 1

第 15 号

20×× 年 12 月 16 日

出票人	全称	长城钢铁股份公司	持票人	全称	海河钢管制造有限责任公司
	账号	405654321987		账号	3061234567890000006
	开户银行	工商银行友谊支行		开户银行	工商银行海苑支行

金额	人民币（大写）：陆万元整	千	百	十	万	千	百	十	元	角	分
				￥	6	0	0	0	0	0	0

票据种类	转账支票
票据张数	1 张

持票人开户行盖章（中国工商银行海苑支行 20××.12.16 转讫）

此联是持票人开户银行交给持票人的收账通知

单位主管：张新　　会计：于辉　　复核：张新　　记账：

- - - - - - - - - - - ✂ - ✂ - - - - - - - - - -

业务 12-46 略

- - - - - - - - - - - ✂ - ✂ - - - - - - - - - -

业务 12-47-1

中国工商银行电汇凭证（回单） 1

第 7889 号

委托日期 20×× 年 12 月 16 日　　凭证号码 Ⅰ 01887889

付款人	全称	海河钢管制造有限责任公司	收款人	全称	沈阳机械有限公司
	账号或住址	3061234567890000006		账号或住址	12358796309
	汇出地点	海河市县	汇出行名称	工商行海苑支行	汇入地点	沈阳市县	汇入行名称	工商行旗汛口支行

金额	人民币（大写）：叁拾伍万壹仟元整	千	百	十	万	千	百	十	元	角	分
				￥	3	5	1	0	0	0	0

汇出行盖章（中国工商银行海苑支行 20××.12.16 转讫）

年　月　日

此联汇出行给汇款人回单

单位主管：王丽　　会计：孙茜　　复核：王丽　　记账：

业务 45

16 日，收到长城钢铁股份公司发放的现金股利 60 000 元。

业务 46

16 日，海湾公司宣告破产，前欠本公司供热款已确认无法收回。经公司董事会会议确认，全部作为坏账处理。提示：本月初"应收账款——海湾公司"账户余额为 610 200 元。

业务 47

16 日，企业从沈阳机械厂购入车丝机一台，价款 300 000 元，价税合计 351 000 元。通过银行电汇方式付款。已将车丝机交付安装。银行电汇手续费 50 元。

业务 12-47-2

沈阳市增值税专用发票

NO.0621698

发票联

开票日期：20××年12月16日

购货单位	名　　　　称：海河钢管制造有限责任公司						密码区	（略）	
^	纳税人识别号：120000123456789						^	^	
^	地址、电话：海河市五大道107号 022-20060066						^	^	
^	开户行及账号：工商银行海苑支行 3061234567890000006						^	^	
货物及应税劳务名称	规格型号	单位	数量	单价	金额		税率	税额	
车丝机		台	1	300 000.00	300 000.00		17%	51 000.00
合　　计								
价税合计（大写）	叁拾伍万壹仟元整					（小写）¥351 000.00			
销货单位	名　　　　称：沈阳机械有限公司						备注		
^	纳税人识别号：125902345670						^		
^	地址、电话：沈阳市旗汛口大街34号						^		
^	开户行及账号：工商行旗汛口支行、12358796309						^		
收款人：张平	复核：李明		开票人：何妍			销货单位：			

业务 12-47-3

工商银行滨海分行手续费凭证（回单）　1

20××年12月16日　　　　　　　　　　第5号

付款人	全　称	海河钢管制造有限责任公司	收款人	收款行	工商银行海苑支行
^	账号或地址	3061234567890000006	^	收款科目	
^	开户银行	工商银行海苑支行	^	收款账户	手续费收入户
单位签章		收费种类和标准			金　额
预留印鉴		委托收款　每笔收费一元计　笔			￥5000（转讫 20××.12.07）
^		信汇　　　每笔收费一元计　笔			^
^		本票、支票　每笔收费六角计　笔			^
^		信汇、电汇退汇　每笔收费五角计　笔			^
^		银行汇票　每笔收费一元计　笔			大写　零零伍零零零
经手人章：丁茜		信汇、电汇查询　每笔收费五角计　笔			^
^		电汇　票面金额0.5‰　50元			复核　　记账
^		挂失　票面金额1‰　不足5元按5元			^

业务 12-48-1

付款凭单

20××年12月16日　　　　编号 013

交　付	销售部　张兰								
付款事由	报销业务招待费								
金　额	万	千	百	十	元	角	分	人民币（大写）：伍仟贰佰捌拾元整
	¥	5	2	8	0	0	0	

批准人：王梅　　出纳：丁茜　　申请人：张兰　　经手人签字盖章：张兰

业务 12-48-2

海河市餐饮业统一发票　　（卷票）

发票代码：110101774739183000

发票号码：62994185

密码：

信息码：2x11120704

税务登记号：310083420864154

收款单位：海河市海河大酒店

付款单位：海河钢管制造有限公司

　　经销项目　　　金额

餐饮

金额合计：　　　　¥100.00

（人民币大写）　　壹佰元整

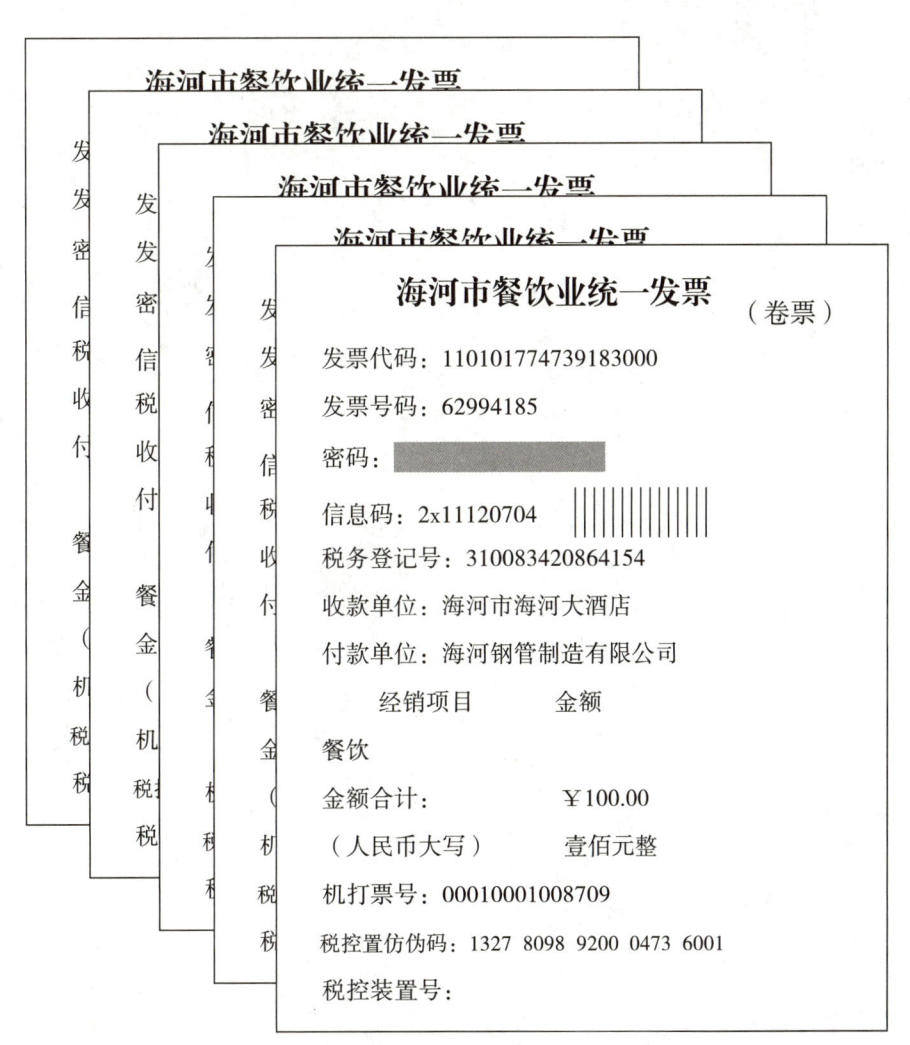

机打票号：00010001008709

税控置仿伪码：1327 8098 9200 0473 6001

税控装置号：

（注：此原始凭证由52张面值100元、1张面值50元和3张面值10元的发票组成，合计5 280元。）

107

业务 48

16 日,销售部报销业务招待费 5 280 元,以现金补足定额备用金。

业务 12-49-1

海河市增值税专用发票

发票联

NO.0828705

开票日期：20××年12月16日

购货单位	名　　　称：海河钢管制造有限责任公司 纳税人识别号：120000123456789 地址、电话：海河市五大道107号　022-20060066 开户行及账号：工商银行海苑支行　3061234567890000006	密码区	（略）

货物及应税劳务名称	规格型号	单位	数量	单价	金额	税率	税额
办公用品	技术图书		171	29.33	5 015.43	17%	852.62
合　　计					5 015.43		852.62

价税合计（大写）	伍仟捌佰陆拾捌元零五分	（小写）￥5 868.05

销货单位	名　　　称：劝业股份有限公司 纳税人识别号：120000113445767 地址、电话：海河市六大道78号 开户行及账号：工商银行海苑支行　306123476512	备注	

收款人：李泉　　　复核：林媛　　　开票人：张悦　　　销货单位：

业务 12-49-2

中国工商银行

转账支票存根

Ⅱ　4664

科　目_____

对方科目_____

出票日期20××年12月16日

收款人：	劝业股份有限公司
金　额：	￥5 868.05
用　途：	购买办公用品

单位主管　　　　会计

业务 12-50-1

中国工商银行

转账支票存根

Ⅱ　4665

科　目_____

对方科目_____

出票日期20××年12月17日

收款人：	海河电视有限公司
金　额：	￥381 600.00
用　途：	支付广告费

单位主管　　　　会计

业务49

16日，开出转账支票统一购买管理用技术图书一批，价税合计5 868.05元，其中基本生产车间2 706元，辅助生产车间1 320元，其余为管理部门使用。

业务50

17日，开出转账支票支付地方电视台广告费360 000元，增值税21 600元。

提示："营改增"后，广告费按6%征收增值税。

业务 12-50-2

海河市增值税专用发票

发票联　　　　　　　　　　　　　　　　NO.0835718

开票日期：20×× 年 12 月 17 日

购货单位	名　　称：海河钢管制造有限责任公司 纳税人识别号：120000123456789 地址、电话：海河市五大道107号　022-20060066 开户行及账号：工商银行海苑支行　3061234567890000006	密码区	（略）

货物及应税劳务名称	规格型号	单位	数量	单价	金额	税率	税额
广告					360 000.00	6%	21 600.00
合　　计					360 000.00		21 600.00

价税合计（大写）　叁拾捌万壹仟陆佰元整　　　　　　　　（小写）¥381 600.00

销货单位	名　　称：海河市电视有限公司 纳税人识别号：120000113545788 地址、电话：海河市河东区工业路50号 开户行及账号：工商银行海苑支行　306123476507	备注	

收款人：张新　　　复核：韩松　　　开票人：刘希　　　销货单位：

业务 12-51-1

中国工商银行

转账支票存根

Ⅱ　4666

科　　目_____

对方科目_____

出票日期 20×× 年 12 月 17 日

收款人：海河市新华技术学院

金　额：¥39 432.00

用　途：支付培训费

单位主管　　　　会计

业务 51

17 日，开出转账支票支付新华技术学院职工岗位技能培训费 37 200 元，增值税 2 232 元。

提示："营改增"后，培训费按 6% 征收增值税。

业务 12-51-2

海河市增值税专用发票

NO.0826785

发票联　　　　　　　　　开票日期：20××年12月17日

购货单位	名　　称：海河钢管制造有限责任公司 纳税人识别号：120000123456789 地址、电话：海河市五大道107号　022-20060066 开户行及账号：工商银行海苑支行　3061234567890000006								密码区	（略）	
货物及应税劳务名称	规格型号	单位	数量	单价		金额		税率		税额
培训						37 200.00		6%		2 232.00
合　　计						37 200.00				2 232.00
价税合计（大写）	叁万玖仟肆佰叁拾贰元整						（小写）¥39 432.0			
销货单位	名　　称：海河市新华技术学院 纳税人识别号：120000113545745 地址、电话：海河市新华区工农路59号 开户行及账号：工商银行新华支行　306123478848								备注	（海河市新华技术学院 120000113545745 发票专用章）	

收款人：李文　　　　复核：李晓　　　　开票人：高美　　　　销货单位：

业务 12-52-1

差旅费报销单

部门名称：技术部　　　　　　　　　出差起止日期：20××年12月11日至20××年12月16日

出差人姓名		于志	出差地点	上海		出差天数	5天	事由：会议
种　类		票据张数	金　额	出差地点	天数	标准	金额	报销结算情况
车船及宿费	火车费		800	上海	5	180	900	
	飞机费			出差补助费				退还：　　　元
	市内出租车费		280					
	住宿费		1000					
	会务费		1000					说明
	其他							
	小计		3080					
合计金额		大写：叁仟玖佰捌拾元整			小写：¥3 980.00				负责人：常青 支领人：于志

业务 52

17 日,技术部经理于志报销个人垫付上海参会差旅费 3 980 元。

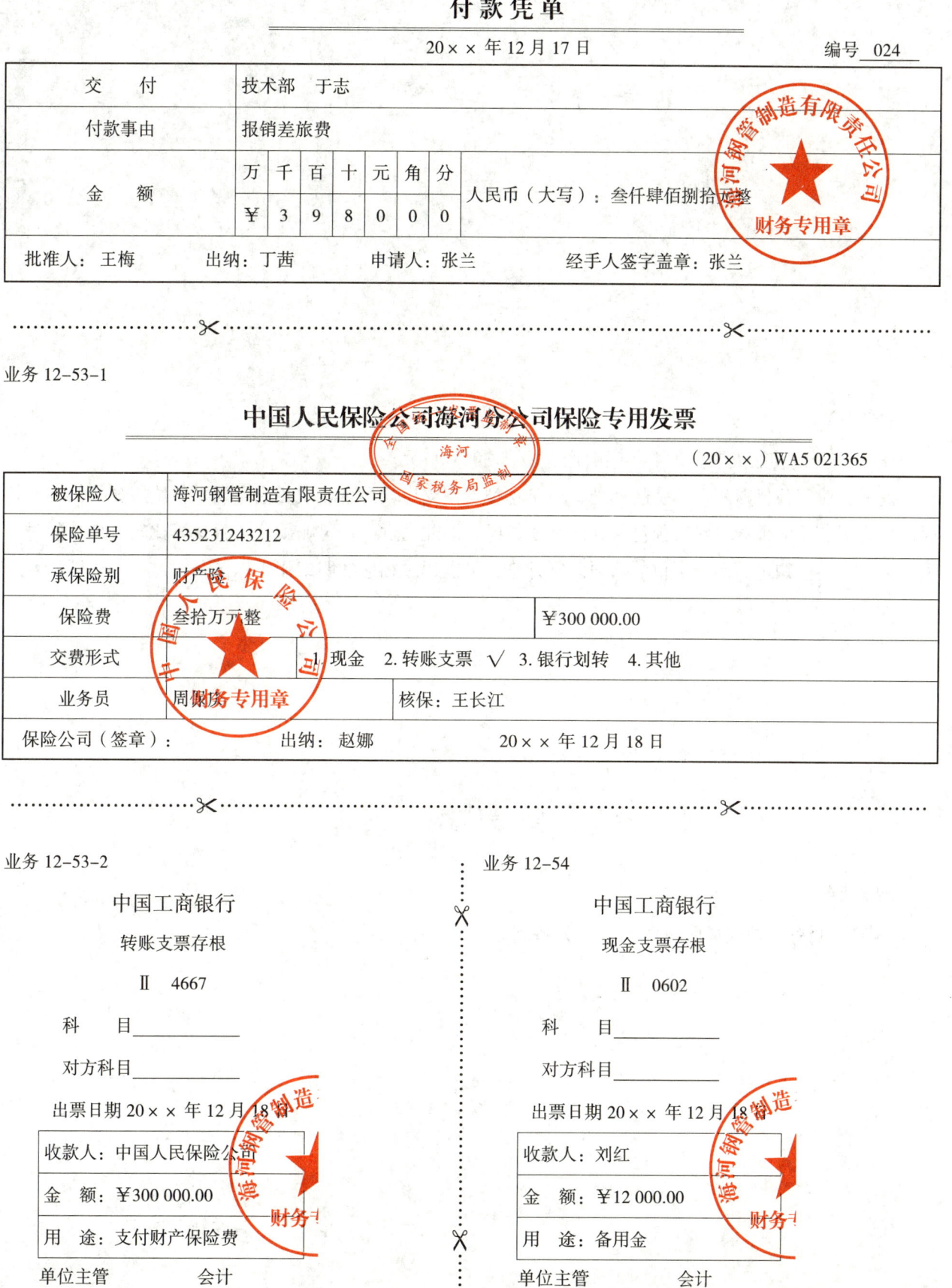

业务 12-52-2

付款凭单

20××年12月17日　　　　　　　　　　　　　　编号 024

交　　付	技术部 于志								
付款事由	报销差旅费								
金　　额	万	千	百	十	元	角	分	人民币（大写）：叁仟肆佰捌拾元整	
	￥	3	9	8	0	0	0		
批准人：王梅	出纳：丁茜			申请人：张兰			经手人签字盖章：张兰		

业务 12-53-1

中国人民保险公司海河分公司保险专用发票

（20××）WA5 021365

被保险人	海河钢管制造有限责任公司	
保险单号	435231243212	
承保险别	财产险	
保险费	叁拾万元整	￥300 000.00
交费形式	1.现金　2.转账支票　√ 3.银行划转　4.其他	
业务员	周丽	核保：王长江
保险公司（签章）：	出纳：赵娜	20××年12月18日

业务 12-53-2

中国工商银行

转账支票存根

Ⅱ 4667

科　目_____

对方科目_____

出票日期 20××年12月18日

收款人：中国人民保险公司

金　额：￥300 000.00

用　途：支付财产保险费

单位主管　　会计

业务 12-54

中国工商银行

现金支票存根

Ⅱ 0602

科　目_____

对方科目_____

出票日期 20××年12月18日

收款人：刘红

金　额：￥12 000.00

用　途：备用金

单位主管　　会计

业务 53

18 日，开出转账支票预付下年度财产保险费 300 000 元。

提示：对于预付财产保险费的处理，由于这类费用支出均是企业按相应合同预付给服务提供方的款项，与购买商品、采购材料时预付账款的性质相同，因此通过"预付账款"科目核算比较合理，同时为了与采购材料、购进商品所预付的款项区别开来，可以通过相应的明细账予以区分。

业务 54

18 日，财务部刘红提取现金 12 000 元备用。

业务 12-55-1

中国工商银行电汇凭证（回单）　1　　第 7889 号

委托日期 20×× 年 12 月 18 日　　　　凭证号码：Ⅰ 01887890

付款人	全称	海河钢管制造有限责任公司	收款人	全称	广州华信科技有限公司		
	账号或住址	306123456789000006		账号或住址	12358796348		
	汇出地点	海河市县	汇出行名称	工商银行海苑支行	汇入地点	广州市县	汇入行名称	工商银行中心街支行

金额　人民币（大写）：贰拾壹万零陆佰元整

千	百	十	万	千	百	十	元	角	分
		2	1	0	6	0	0	0	0

汇出行盖章　　　　　　　　　　　　　　　　年　月　日

单位主管：王丽　　会计：孙茜　　复核：王丽　　记账

此联汇出行给汇款人回单

业务 12-55-2

工商银行滨海分行手续费凭证（回单）　1

20×× 年 12 月 18 日　　　　第 6 号

付款人	全称	海河钢管制造有限责任公司	收款人	收款行	工商银行海苑支行
	账号或地址	306123456789000006		收款科目	
	开户银行	工商银行海苑支行		收款账户	手续费收入户

单位签章	收费种类和标准	金额

预留印鉴

收费项目	标准	单位
委托收款	每笔收费一元计	笔
信汇	每笔收费一元计	笔
本票、支票	每笔收费六角计	笔
信汇、电汇退汇	每笔收费五角计	笔
银行汇票	每笔收费一元计	笔
信汇、电汇查询	每笔收费五角计	笔
电汇	票面金额 0.5‰	50 元
挂失	票面金额 1‰	不足 5 元按 5 元

经手人章：丁茜

千	百	十	元	角	分
			5	0	0

大写：零零伍零零

复核　　记账

此联银行收款后退回单位的支款通知

业务 55

18 日，由广州购入办公用戴尔计算机 18 台，单价 6 000 元，价税共计 126 360 元，开具增值税专用发票。电脑已交付使用，款项电汇至对方账户，电汇手续费 50 元。

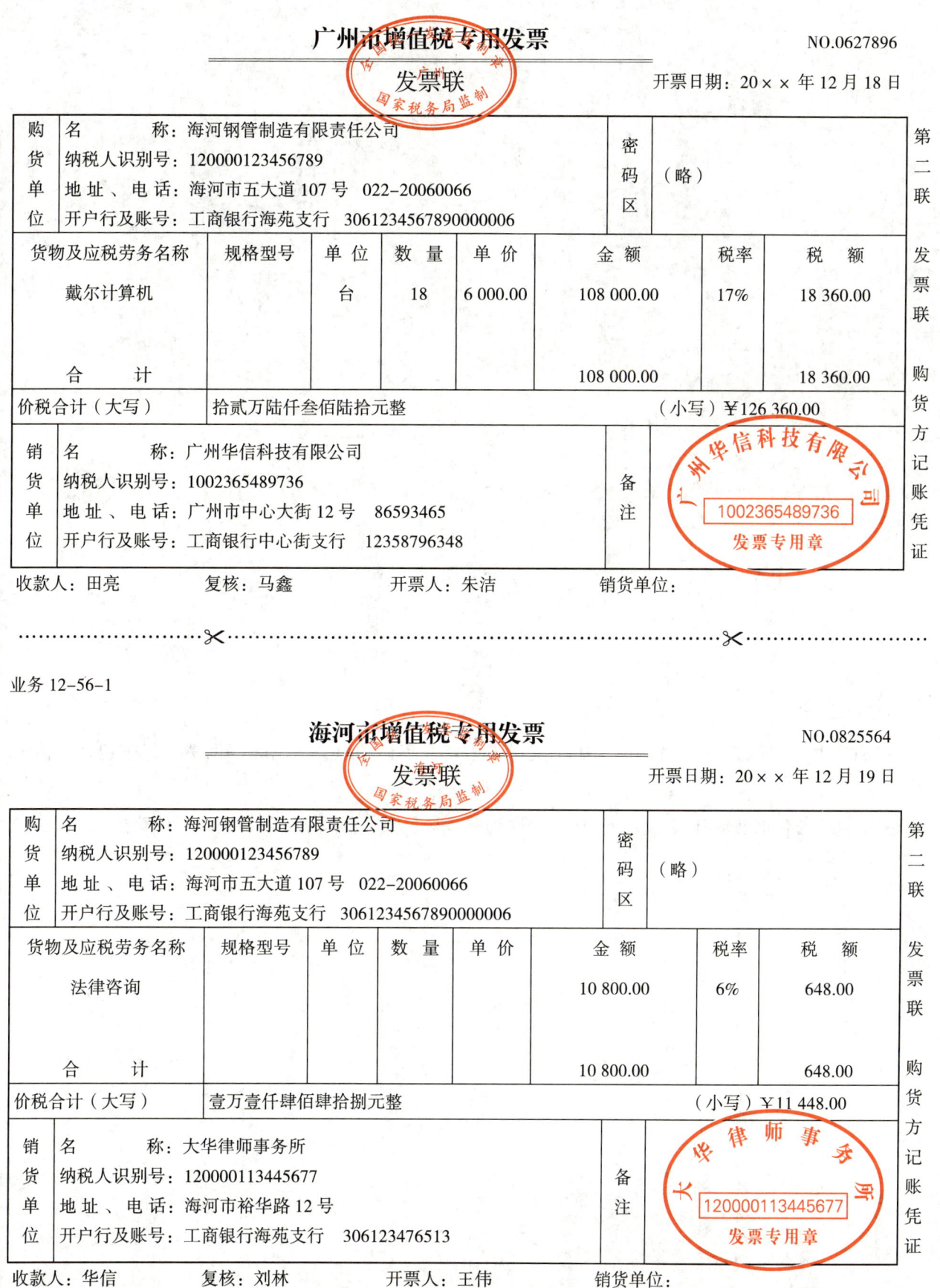

业务 12-55-3

广州市增值税专用发票

NO.0627896

发票联

开票日期：20××年12月18日

购货单位	名　　称：海河钢管制造有限责任公司 纳税人识别号：120000123456789 地址、电话：海河市五大道107号　022-20060066 开户行及账号：工商银行海苑支行　3061234567890000006	密码区	（略）

货物及应税劳务名称	规格型号	单位	数量	单价	金额	税率	税额
戴尔计算机		台	18	6 000.00	108 000.00	17%	18 360.00
合　　计					108 000.00		18 360.00

价税合计（大写）	拾贰万陆仟叁佰陆拾元整	（小写）¥126 360.00

销货单位	名　　称：广州华信科技有限公司 纳税人识别号：1002365489736 地址、电话：广州市中心大街12号　86593465 开户行及账号：工商银行中心街支行　12358796348	备注	（广州华信科技有限公司 1002365489736 发票专用章）

收款人：田亮　　　复核：马鑫　　　开票人：朱洁　　　销货单位：

------------------------------✂------------------------------

业务 12-56-1

海河市增值税专用发票

NO.0825564

发票联

开票日期：20××年12月19日

购货单位	名　　称：海河钢管制造有限责任公司 纳税人识别号：120000123456789 地址、电话：海河市五大道107号　022-20060066 开户行及账号：工商银行海苑支行　3061234567890000006	密码区	（略）

货物及应税劳务名称	规格型号	单位	数量	单价	金额	税率	税额
法律咨询					10 800.00	6%	648.00
合　　计					10 800.00		648.00

价税合计（大写）	壹万壹仟肆佰肆拾捌元整	（小写）¥11 448.00

销货单位	名　　称：大华律师事务所 纳税人识别号：120000113445677 地址、电话：海河市裕华路12号 开户行及账号：工商银行海苑支行　306123476513	备注	（大华律师事务所 120000113445677 发票专用章）

收款人：华信　　　复核：刘林　　　开票人：王伟　　　销货单位：

业务56

19日，开出转账支票11 448元，用于支付下半年大华律师事务所法律咨询费，其中包括增值税648元。

提示：法律咨询费应计入"管理费用——咨询费"科目。"营改增"后，法律咨询费按6%征收增值税。

业务 12-56-2

中国工商银行
转账支票存根
Ⅱ 4668

科　　目_____
对方科目_____
出票日期 20×× 年 12 月 18 日
收款人：大华律师事务所
金　　额：¥11 448.00
用　　途：支付法律咨询费
单位主管　　　会计

------------✂------------------------✂------------

业务 12-57

入 库 单

发货仓库：　成品库

第 10 号

20×× 年 12 月 20 日

名　称	规　格	单　位	数　量	单价（元）	总价（元）	备注
地质井管	200#	吨	2000			
地质井管	150#	吨	1200			
地热井管	240#	吨	900			

负责人：王雷　　　　　　　　　　　　经手人：李可

二、交会计

业务 57

20 日,部分完工产品入库。

业务 12-58-1

海河市增值税专用发票

NO.0828878

发票联　　开票日期：20××年12月20日

购货单位	名　　　称：海河钢管制造有限责任公司 纳税人识别号：120000123456789 地址、电话：海河市五大道107号　022-20060066 开户行及账号：工商银行海苑支行　3061234567890000006	密码区	（略）

货物及应税劳务名称	规格型号	单位	数量	单价	金额	税率	税额
材料					30 000.00	17%	5 100.00
合　　计							

价税合计（大写）	叁万伍仟壹佰元整	（小写）¥35 100.00

销货单位	名　　　称：海河物流贸易有限公司 纳税人识别号：120125902345670 地址、电话：海河市旗汛口大街34号 开户行及账号：工商银行红旗支行　40512358796309	备注	（海河物流贸易有限公司 120125902345670 发票专用章）

收款人：张军　　复核：李丹　　开票人：于梅　　销货单位：

业务 12-58-2

领 料 单

发货仓库：备件库　　　　　　　　　　　　　　　　　　　　　　　第 13 号

提货单位：基本生产车间　　　　　　　　　　　　　　　　　　20××年12月20日

名　称	规格	单位	数量	单价（元）	金额（元）	备注
传动轴		个	120	380.00	45 600.00	
合计					45 600.00	

负责人：王雷　　　　　　　　　　　　　　　　经手人：杨帆

业务 58

20 日,基本生产车间发生设备修理,开出转账支票购买修理材料,价税 35 100 元。领用库存备件传动轴 120 个,单位成本价 380 元。

提示:基本生产车间发生的设备维修费应计入"管理费用——维修费"科目,并按规定缴纳增值税。

业务 12-58-3

中国工商银行

转账支票存根

Ⅱ 4669

科　　目＿＿＿＿＿

对方科目＿＿＿＿＿

出票日期 20×× 年 12 月 20 日

收款人：海河物流贸易有限公司

金　　额：¥35 100.00

用　　途：购买修理材料

单位主管　　　　会计

业务 12-59-2

中国工商银行

转账支票存根

Ⅱ 4670

科　　目＿＿＿＿＿

对方科目＿＿＿＿＿

出票日期 20×× 年 12 月 20 日

收款人：张兰

金　　额：¥5 400.00

用　　途：报销运输费用等开支

单位主管　　　　会计

业务 12-59-1

发票

计划号码或运输号码		铁路局	丙联			承运及收款凭证：发站托运人			
发　站	海河	到站	山东	车种车号 货 128	火车标重	承运人/托运人（装车）			
经　由		货物运到期限		铁路篷布号码		12818			
运价里程	4500公里	集装箱箱型		保价金额		现付费别			
						费别	金额	费别	金额
托运人名称及地址	海河钢管制造有限责任公司					运费	5 400.00		
收货人名称及地址						基金1			
货物品名	品名代码	件数	货物重量	计量重量	运价号	运价率	基金2		
钢管			3000	吨	128		基金3		
合　计									
集装箱号码									
记　事			大写：伍仟肆佰元整			合计	5 400.00		
						发站承运日期戳	滨海 20××.12.20 经办人 王洪		

业务 59

20 日，销售部报销本月运输费 5 400 元。以现金补足其定额备用金。

提示：根据购销合同规定，运费由本公司承担。销售部发生的运输费用应计入"销售费用——运输费"科目。

业务 12-60-1

中国工商银行 进账单（收账通知） 1   第 20 号

20××年12月20日

出票人	全称	海河昆仑废旧物资公司	持票人	全称	海河钢管制造有限责任公司
	账号	405120896544849		账号	3061234567890000006
	开户银行	工商行银华联支行		开户银行	工商银行海苑支行
金额	人民币（大写）：肆仟捌佰元整				千百十万千百十元角分 ¥ 4 8 0 0 0 0
票据种类	转账支票				
票据张数	1 张		持票人开户行盖章		

单位主管：王丽   会计：孙茜   复核：王丽   记账：

业务 12-60-2

海河市增值税专用发票   NO.0983286

记账联

此联不作报销、扣款凭证使用   开票日期：20××年12月20日

购货单位	名　　称：海河昆仑废旧物资公司 纳税人识别号：130123134477788 地址、电话：海河市西南路56号　022-63800056 开户行及账号：工商银行华联支行　405120896544849	密码区	（略）

货物或应税劳务名称	规格型号	单位	数量	单价	金额	税率	税额
合　计							

价税合计（大写）　　　　　　　　　　　　　　　　　　（小写）

销货单位	名　　称：海河钢管制造有限责任公司 纳税人识别号：120000123456789 地址、电话：海河市五大道107号　022-20060066 开户行及账号：工商银行海苑支行　3061234567890000006	备注	

收款人：丁茜   复核：王梅   开票人：何洁   销货单位：

业务 60

20 日，出售库存废料，账面成本 3 720 元，收款 4 800 元，增值税税率 17%。收到昆仑废旧物资公司转账支票。

业务 12-60-3

出 库 单

发货仓库：成品库　　　　　　　　　　　　　　　　　　　　　　第 04 号

提货单位：海河昆仑废旧物资公司　　　　　　　　　　　　　20××年12月20日

名　称	规　格	单　位	数　量	单价（元）	总价（元）	备注
废料		吨	2	1 860.00	3 720.00	
合计					3 720.00	

负责人：王雷　　　　　　　　　　　　　　　　　　经手人：李可

------------------------✂------------------------✂------------------------

业务 12-61

委电　　　　　　　　　　委托号码：　　　　第 15 号

　　　　　　委托收款 凭证（收账通知）　④　　凭证号码：569872

委托日期　20××年12月21日

付款人	全　称	大庆油田钻井公司	收款人	全　称	海河钢管制造有限责任公司
	账号或地址	黑龙江省大庆市鸡西路16号		账号或地址	海河市五大道107号
	开户银行	工商银行海苑支行 801214335422221		开户银行	工商行海苑支行 3061234567890000006

委收金额	人民币（大写）：玖佰肆拾万陆仟捌佰元整	千	百	十	万	千	百	十	元
	¥	9	4	0	6	8	0	0

款项内容	货款	委托收款凭据名称		附寄单证张数	中国工商银行海苑支行 20××.12.21
备注：		款项收托日期 20××年12月21日		收款人开户银行盖章 20××年12月21日	转讫

电划

单位主管：王丽　　　　会计：孙茜　　　　复核：王丽　　　　记账：王立

业务 61

21 日，应收大庆油田钻井公司货款 9 406 800 元，对方依据委托收款通知付款。

提示：20××年 6 月，大庆油田钻井公司因购买地质井管 200# 和 150# 前欠货款 18 813 600 元，已于下半年 11 月偿还部分货款 9 406 800 元。

业务 12-62

第 8 号

委电

委托收款 凭证（收账通知） ⑤

委收号码：2008

委托日期 20××年12月22日　　付款期限：20××年12月25日

付款人	全称	海河钢管制造有限责任公司	收款人	全称	沈阳塑料制品有限公司
	账号或地址	海河市五大道107号 3061234567890000006		账号或地址	辽宁省沈阳市种福寺前街8号 705123123501
	开户银行	工商银行海苑支行		开户银行	工商银行永南支行

委收金额	人民币（大写）：叁佰柒拾玖万零捌佰元整	千 百 十 万 千 百 十 元
		¥ 3 7 9 0 8 0 0

款项内容	购保护环	委托收款凭据名称		附寄单证张数	

备注：电划	款项收托日期 20××年12月22日	收款人开户银行盖章 20××年12月22日

中国工商银行海苑支行　20××.12.22　转讫

此联银行收款后退回单位的支款通知

单位主管：黎民　　会计：王菲　　复核：黎民　　记账：

------------------------------✂------------------------------

业务 12-63

中国工商银行业务委托书（记账凭证）

日期：贰零××年 壹拾贰月贰拾肆日　　滨 00434890

业务类型	□电汇　□信汇　□本票申请书　☑汇票申请书　□其他_____

汇款人	全称	海河钢管制造有限责任公司	收款人	全称	吉林钢铁贸易公司
	账号或住址	3061234567890000006		账号或住址	吉林市仓前区下洋街42号
	开户银行	工商银行海苑支行		开户银行	工商行仓前支行　4050007880808

金额（大写）：肆佰玖拾壹万肆仟元整	亿 千 百 十 万 千 百 十 元 角 分
	¥ 4 9 1 4 0 0 0 0 0

中国工商银行海苑支行　20××.12.24　转讫

密码		加急汇款签字		上列款项及相关费用请从我账户内支付
用途	购材料			
备注			客户签单	

第一联 记账单

事后监督：　　会计主管：王丽　　复核：　　记账：孙茜

业务 62

22 日，根据委托收款付款通知单支付前欠沈阳塑料制品公司货款 3 790 800 元。

提示：银行结算方式为委托收款。

业务 63

24 日，开出银行汇票一张，金额 4 914 000 元，采购员王方持有前往吉林采购废钢铁。

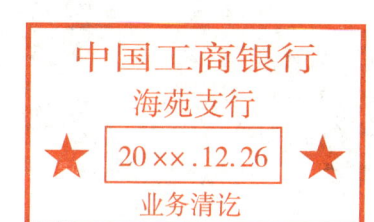

业务 12-64

中国人民银行支付系统专用凭证　　NO 0098982580

保文种类：　CMT109　　　　　　　　　交易种类：　HVPS　　贷记

发起行行号：　20255　　　　　　　　　支付交易序号：00809048
付款人名称：　新疆油田钻井公司
付款人账号：　805654328504　　　　　委托日期：20××.12.26

接收行行号：　20201
收款人账号：　3061234567890000006　　收报日期：20××.12.26
收款人名称：　海河钢管制造有限责任公司

货币名称、金额（大写）：壹仟贰佰万元整
货币符号、金额（小写）：RMB 12 000 000.00

附言：货款

报文状态：转挂账

流水号：98155　　　打印时间：20××-12-26　09:21:18
第 01 次打印！

中国工商银行
海苑支行
★ 20××.12.26 ★
业务清讫

第二联　作客户通知单　　会计　张颖　　复核　刘琨　　记账

业务 64

26日，收到银行电汇入账通知单，收回新疆油田钻井公司前欠货款 12 000 000 元，已汇入企业账户。

业务 12-65-1

海河市增值税专用发票

发票联

NO.0828703

开票日期：20××年12月29日

购货单位	名　　称：海河钢管制造有限责任公司 纳税人识别号：120000123456789 地址、电话：海河市五大道107号　022-20060066 开户行及账号：工商银行海苑支行　3061234567890000006	密码区	（略）

货物及应税劳务名称	规格型号	单位	数量	单价	金额	税率	税额
设备维修					30 000.00	17%	5 100.00
合　　计							

价税合计（大写）　叁万伍仟壹佰元整　　　　　　　　（小写）¥35 100.00

销货单位	名　　称：海河市机械维修公司 纳税人识别号：120000123612378 地址、电话：海河市河东区工业路62号 开户行及账号：工商银行塘口支行　3064055478543210096	备注	（海河市机械维修公司 120000123612378 发票专用章）

收款人：李章　　　复核：吴芳　　　开票人：金路　　　销货单位：

业务 12-65-2

中国工商银行
转账支票存根

Ⅱ　4671

科　　目＿＿＿＿＿＿

对方科目＿＿＿＿＿＿

出票日期 20××年12月29日

收款人：海河机械维修公司

金　额：¥35 100.00

用　途：支付设备维修费

单位主管　　　会计

业务 12-66-2

中国工商银行
转账支票存根

Ⅱ　4672

科　　目＿＿＿＿＿＿

对方科目＿＿＿＿＿＿

出票日期 20××年12月29日

收款人：海河市立达设备

金　额：¥3 330.00

用　途：支付设备安装费

单位主管　　　会计

业务 65

29 日，开出转账支票支付海河机械维修公司设备维修费 35 100 万元。

提示：企业发生的设备维修费应计入"管理费用——维修费"科目，并按 17% 缴纳增值税。

业务12-66-1

海河市增值税专用发票

发票联

NO.0828719

开票日期：20××年12月30日

购货单位	名　　称：海河钢管制造有限责任公司 纳税人识别号：120000123456789 地址、电话：海河市五大道107号　022-20060066 开户行及账号：工商银行海苑支行　3061234567890000006							密码区	（略）	
货物及应税劳务名称	规格型号	单位	数量	单价	金额	税率	税额	
安装					3 000.00	11%	330.00	
合　　计					3 000.00		330.00	
价税合计（大写）	叁仟叁佰叁拾元整						（小写）¥3 330.00		
销货单位	名　　称：海河市立达设备厂 纳税人识别号：120000113448876 地址、电话：海河市西单路122号 开户行及账号：工商银行海苑支行　306123476588							备注		
收款人：金悦　　　复核：田甜　　　开票人：王珊　　　销货单位：								

第一联 发票联 购货方记账凭证

-----------✂-----------✂-----------

业务12-67-1

中国工商银行

转账支票存根

Ⅱ 4673

科　　目_____

对方科目_____

出票日期20××年12月31日

收款人：海河市银建运输有限公司

金　额：¥214 896.00

用　途：支付班车费

单位主管　　　　会计

业务 66

30 日，安装车丝机完工，交付使用。安装费价税合计 3 330 元，以转账支票支付。

提示："营改增"后，设备安装费按 11% 征收增值税。

业务 67

31 日，结算并支付本月班车费 214 896 元。

原始凭证：（1）班车费结算发票；（2）班车费分配表。

提示：班车费每人每天按 12 元计算，每月 22 个工作日。本企业人员构成为：基本生产车间 700 人，辅助生产车间 14 人，管理部门 100 人。

业务 12-67-2

海河市增值税专用发票

发票联

NO.0856478

开票日期：20××年12月31日

购货单位	名　　　称：海河钢管制造有限责任公司 纳税人识别号：120000123456789 地　址、电话：海河市五大道107号　022-20060066 开户行及账号：工商银行海苑支行　3061234567890000006	密码区	（略）

货物及应税劳务名称	规格型号	单位	数量	单价	金　额	税率	税　额
运输费					193 600.00	11%	21 296.00
合　　计					193 600.00		21 296.00

价税合计（大写）	贰拾壹万肆仟捌佰玖拾陆元整	（小写）¥214 896.00

销货单位	名　　　称：海河市银建运输公司 纳税人识别号：120000113887644 地　址、电话：海河市河东区工业路151号 开户行及账号：银行海苑支行　306123476521	备注	

收款人：张晨　　　复核：梁斌　　　开票人：李贤　　　销货单位：

业务 12-67-3

班车费计算分配表

20××年12月31日

项目 部门	人数	天数	单价	分配金额
基本生产车间				
辅助生产车间				
管理部门				
合计				

复核人：王梅　　　　　　　　　　　　　　　　　　　　　制表人：孙亮

业务 12-68

中国工商银行海河市分行贷款付息凭证（收账通知）

凭证开出日期：20××年12月31日　　　　　　　银行转账日期：20××年12月31日

借款单位	全　称	海河钢管制造有限责任公司	贷款户	全　称	海河钢管制造有限责任公司
	账　号	3061234567890000006		账　号	3061234567890000226
	开户银行	工商银行海苑支行		开户银行	工商银行海苑支行
贷款到期日	20××年6月31日		还款次数		第1次还息

金额	人民币（大写）：壹佰零肆万肆仟元整	千 百 十 万 千 百 十 元
		￥　1　0　4　4　0　0　0

贷款种类	短期贷款	原借款金额	￥69 600 000	原借据银行编号：56789

备注：短期借款　利息
　　　借款利率6%

此借款由上列账户转还
借款单位　　　　　　此致　　　银行盖章

（中国工商银行海苑支行 20××.12.31 转讫）

此联收款人开户行给付款人的回单

- ✂ - ✂ - - - - - - - - - - - - - - - - - - -

业务 12-69

贷款利息计算表

20××年12月31日　　　　　　　　　　　　　　　　　　　　　单位：元

贷款项目	贷款金额	贷款年利率	计息期	利息金额	计入账户
在建钢板生产线					
钢板生产线					

复核人：王梅　　　　　　　　　　　　　　　　　　　　　　制表人：孙亮

业务 68

31 日，结算并支付本季度短期借款利息 1 044 000 元。该借款用于生产周转金。

提示：短期借款年利率 6%。贷款金额 69 600 000 元。

业务 69

31 日，结算本年长期借款利息。长期借款年利率 8%。3 年期，一次还本付息。

提示：贷款金额 108 000 000 元。其中：60 000 000 为在建钢板生产线，7 月借入并交付出包工程使用，应付利息为 60 000 000*8%/2=2 400 000 元，应予以资本化；48 000 000 元 1 月初借入，已于本年 6 月末完工交付使用，上半年利息已核算入账应付利息 48 000 000*8%/2=1 920 000 元，应予以费用化。

业务 12-70

发出材料汇总表
20××年12月31日

名称	项目	200# 金额	200# 数量	150# 金额	150# 数量	240# 金额	240# 数量	单价	合计 数量	合计 金额	差异率	负担的差异
原料及主要材料	海绵铁（吨）											
	废钢铁（吨）											
	铸铁块（吨）											
外购半成品	接箍200#（个）											
	接箍150#（个）											
	接箍240#（个）											
辅助材料	保护环（个）											
	丝扣油（千克）											
	油漆（千克）											
	计划价合计											
	负担的材料成本差异											
	实际材料成本合计											
辅助材料	防腐剂（桶）辅助车间											

负责人：王梅　　　　　　　　　　　　　　经手人：孙亮

业务 70

结转本月领用材料费用。

提示：根据本月领料单汇总表，主要材料需要结转并调整材料成本差异。

材料成本差异率是指材料成本差异额与材料计划成本之间的比例，通常用百分比表示。

材料成本差异额，是指材料的实际成本和计划成本之间的差额。正数表示超支差额率，负数表示节约差额率。

材料成本差异率＝(期初材料成本差异＋当月入库成本差异)/(期初原材料计划成本＋当月入库材料计划成本)×100%

本月发出材料应负担的成本差异＝本月发出材料的计划成本＊材料成本差异率

本月发出材料的实际成本＝本月发出材料的计划成本＋本月发出材料应负担的成本差异

原始凭证：(1) 各旬领料单；(2) 发出材料汇总表。

业务 12-71-1

海河钢管制造有限责任公司

工 资 结 算 汇 总 表

20×× 年 12 月 31 日

单位：元

车间、部门		应 发 工 资								代 扣 款 项						实发金额
		岗位工资	综合奖金	各种津贴			缺勤扣款		合计	养老保险	医疗保险	失业保险	住房公积金	个人所得税	小计	
				岗位津贴	回民津贴	夜班津贴	病假	事假								
基本生产车间	生产工人	1 620 780	247 884	23 100	600	16 736	1 100	1 200	1 906 800	152 544	38 136	19 068	190 680	43 667	444 095	1 462 705
	管理工人	56 525	9 310		150	800	135	150	66 500	5 320	1 330	665	6 650	1 523	15 488	51 012
辅助生产车间	生产工人	26 180	4 004	500		400	140	144	30 800	2 464	616	308	3 080	706	7 174	23 626
	管理工人	8 925	1 575						10 500	840	210	105	1 050	241	2 446	8 054
企业管理部门		290 063	47 775		280	3 900	410	358	341 250	27 772	6 968	3 484	34 840	7 713	80 777	260 473
医务及福利部门		7 438	1 225			87			8 750	900	200	100	1 000	300	2 500	6 250
合 计		2 009 911	311 773	23 600	1 030	21 923	1 785	1 852	2 364 600	189 840	47 460	23 730	237 300	54 150	552 480	1 812 120

复核人：王梅　　　　　　　　　　　制表人：孙亮

业务 71

期末根据工资结算单,进行工资费用分配。本月应付工资总额 2 364 600 元。

原始凭证:(1)工资结算单;(2)基本生产车间工资成本分配表。

提示:基本生产车间工资成本在 200# 地质井管、150# 地质井管和 240# 地热管之间分配,分配比例按本月投产吨位比例 5:3:2 计算。(注:医务人员工资计入管理费用)

业务 12-71-2

工 资 费 用 分 配 表

20×× 年 12 月 31 日

部门 \ 项目		工资费用	分配率	分配金额
基本生产车间	地质井管 200#			
	地质井管 150#			
	地热管 240#			
小计				
车间管理人员				
辅助生产车间				
辅助车间管理人员				
厂部管理人员				
医务、福利部门				
合计				

复核人：王梅　　　　　　　　　　　　　　　　　　　　　　制表人：孙亮

业务 12-72-1

工 会 经 费 计 提 表

20×× 年 12 月 31 日

计提期间	当期工资总额	计提比率	计提工会经费	备 注

复核人：王梅　　　　　　　　　　　　　　　　　　　　　　制表人：孙亮

业务 72

期末按本月应付工资总额 2% 提取工会经费；按本月应付工资总额 1.5% 提取职工教育经费。

原始凭证：工会经费、职工教育经费计算单。

提示：本月应付工资总额 2 364 600 元。

业务 12-72-2

职工教育经费计提表

20××年12月31日

计提期间	当期工资总额	计提比率	计提职工教育经费	备 注

复核人：王梅　　　　　　　　　　　　　　　　　　　　制表人：孙亮

------------------------✂------------------------------------✂------------------------

业务 12-73

个人负担三险一金计算表

20××年12月31日　　　　　　　　　　　　　　　　　　　　单位：元

部门	项目	工资总额（上年月平均）	养老保险 8%	医疗保险 2%	失业保险 1%	住房公积 10%	个人所得税	小计
基本生产车间	生产工人	1 906 800					43 667	
	管理人员	66 500					1 523	
辅助生产车间	生产工人	30 800					706	
	管理人员	10 500					241	
管理部门		358 400					8 013	
小计		2 373 000					54 150	

复核人：王梅　　　　　　　　　　　　　　　　　　　　制表人：孙亮

业务 73

结转本月职工个人应负担的养老保险、医疗保险、失业保险、住房公积金以及个人负担的所得税。三险一金个人负担比率分别为上年月平均应付工资总额的 8%、2%、1% 和 10%。

原始凭证：三险一金计算单。

提示：上年月平均工资总额为 2 373 000 元。生产成本在三种产品中按投产量 5∶3∶2 进行分配。

业务 12-74-1

企业负担三险一金计算表

20××年12月31日　　　　　　　　　　　　　　　　　　　　　　　单位：元

部门	项目	工资总额（上年月平均）	养老保险 20%	医疗保险 10%	失业保险 2%	住房公积金 10%	小计
基本生产车间	生产工人						
	管理人员						
辅助生产车间	生产工人						
	管理人员						
管理部门							
合计							

复核人：王梅　　　　　　　　　　　　　　　　　　　　　　　制表人：孙亮

✂ ─────────────────────────── ✂

业务 12-74-2

三险一金分配附表

20××年12月31日　　　　　　　　　　　　　　　　　　　　　　　单位：元

	分配项目	投产量	分配率	分配金额
基本车间	地质井管 200#			
	地质井管 150#			
	地热管 240#			
合计				

复核人：王梅　　　　　　　　　　　　　　　　　　　　　　　制表人：孙亮

业务 74

结转本月企业负担的职工养老保险、医疗保险、失业保险、住房公积金,三险一金企业负担比率分别为上年月平均应付工资的 20%、10%、2%、10%。

原始凭证:三险一金计算单。

提示:上年月平均工资总额为 2 373 000 元。

业务 12-75

固定资产折旧计算表

20××年12月31日　　　　　　　　　　　　　　　　　　　　　　　　单位：元

使用部门及固定资产类别		月初应计提固定资产的原值	折旧	
^	^	^	月折旧率	月折旧额
生产车间	房屋			
^	机械设备			
^	小计			
辅助车间	房屋			
^	机械设备			
^	小计			
管理部门	房屋			
^	办公设备			
^	运输设备			
^	小计			
总　计				

财务负责人：王梅　　　　　　　　　　　　　　　　　制表人：孙亮

------------------------✂------------------------------------✂--------------------------

业务 12-76

　无形资产　费用摊销表

20××年12月31日　　　　　　　　　　　　　　　　　　　　　　　　单位：元

费用项目	应摊总费用	摊销期	本期摊销额	累计摊销额	摊余金额	备注
管理用软件						

复核人：王梅　　　　　　　　　　　　　　　　　　制表人：孙亮

业务 75

计提本月固定资产折旧。

提示：房屋及建筑物按 32 年计提折旧，生产设备按 10 年计提折旧，管理用设备按 5 年计提折旧，运输车辆按工作量法计提折旧。本月运输车辆总行程 75 000 千米，每千米折旧 1.2 元。预计净残值率均为 4%。

业务 76

管理用软件的摊销。企业原以 576 万元购入管理用软件一套，分 8 年摊销。

业务 12-77-1

同城特约委托收款 凭证（付款通知） 4

委托号码：　　　第 11 号

委托日期 20××年12月31日　　　凭证号码：65987412

付款人	全　　称	海河钢管制造有限责任公司	收款人	全　　称	海河市自来水公司
	账号或地址	海河市五大道107号 3061234567890000006		账号或地址	海河市河西区光明路18号 306405987654321
	开户银行	30612		开户银行	30640

委收金额	人民币（大写）：柒万陆仟零壹拾肆元整	千 百 十 万 千 百 十 元 角 分 ￥ 7 6 0 1 4 0 0

款项内容	水费	合同号码	20××.12.31	附寄单证张数	1张

备　注：

付款人注意：
1、公用事业收款人与你方签订合同后方能办理。
2、如无合同，可备函说明情况，予一个月内向收款单位办理同城特约委托收款，将原款返回。

（中国工商银行海苑支行 转讫）

单位主管：张宜　　会计：马亭　　复合：武妍　　记账：何里

业务 12-77-2

海河市增值税专用发票

发票联　　　　　　　　　　　　NO.0888765

开票日期：20××年12月31日

购货单位	名　称：海河钢管制造有限责任公司	密码区	（略）
	纳税人识别号：120000123456789		
	地址、电话：海河市五大道107号　022-20060066		
	开户行及账号：工商银行海苑支行　3061234567890000006		

货物及应税劳务名称	规格型号	单位	数量	单价	金额	税率	税额
水		立方米	14 760	5.00	73 800.00	3%	2 214.00
合　计							

价税合计（大写）	柒万陆仟零壹拾肆元整	（小写）￥76 014.00

销货单位	名　称：海河市自来水公司	备注	（海河市自来水公司 发票专用章 120000123679999）
	纳税人识别号：120000123679999		
	地址、电话：海河市河西区光明路18号		
	开户行及账号：工商银行光明支行　306405987654321		

收款人：江涛　　复核：于梅　　开票人：刘静　　销货单位：

业务 77

31 日，银行转来自来水公司委托收款通知单，价税合计 76 014 元。企业共计耗水 14 760 立方米，单价 5 元。其中：基本生产车间一般用水 7 828.8 立方米，辅助生产车间生产用水 6 211.2 立方米，管理部门用水 720 立方米，增值税率 3%。

提示：基本生产车间用水计入基本车间制造费用，辅助生产车间用水计入辅助生产成本。

业务 12-77-3

水费计算分配表

20××年12月31日

部门 \ 项目	用水量（立方米）	单价	分配金额
基本生产车间			
辅助生产车间			
管理部门			
合计			

复核人：王梅　　　　　　　　　　　　　　　　　　　　　制表人：孙亮

业务 12-78-1

同城特约委托收款 凭证（付款通知） 4　委托号码：第 22 号

委托日期　20××年12月31日　　　　　　　　凭证号码：65989876

付款人	全称	海河钢管制造有限责任公司	收款人	全称	海河市供电公司	此联收款人开行给付款人的回单
	账号或地址	海河市五大道107号　3061234567890000006		账号	海河市河西区永安路38号　306405546897123	
	开户银行	30612		开户银行	30640	

委收金额	人民币（大写）：肆佰捌拾柒万叁仟贰佰捌拾肆元整	千	百	十	万	千	百	十	元	角	分
		¥	4	8	7	3	2	8	4	0	0

款项内容	电费	合同号码		附寄单证张数	1张

备注：	中国工商银行海苑支行　20××.12.31　转讫	付款人注意： 1、公用事业收款人与你方签订合同后方能办理。 2、如无合同，可备函说明情况，予一个月内向收款单位办理同城特约委托收款，将原款返回。

单位主管：张宜　　　会计：马亭　　　复合：武妍　　　记账：于灵

业务 78

31 日，银行转来供电公司委托收款付款通知单，价税合计 4 873 284 元。企业共计耗电 2 776 800 度，单价 1.5 元。其中：基本生产车间生产用电 2 736 000 度，基本生产车间照明用电 16 800 度；辅助生产车间生产用电 12 000 度，辅助生产车间照明用电 3 000 度；行政部门用电 9 000 度。

提示：基本生产车间电费按产品投产量比例分配（5∶3∶2），每吨钢管耗电 380 度。

业务 12-78-2

海河市增值税专用发票

NO.0828697

发票联

开票日期：20××年12月31日

购货单位	名　　称：海河钢管制造有限责任公司 纳税人识别号：120000123456789 地址、电话：海河市五大道107号　022-20060066 开户行及账号：工商银行海苑支行　3061234567890000006	密码区	（略）

货物及应税劳务名称	规格型号	单位度	数量	单价	金额	税率	税额
电			2 776 800	1.50	4 165 200.00	17%	708 084.00
合　计							

价税合计（大写）	肆佰捌拾柒万叁仟贰佰捌拾肆元整	（小写）¥4 873 284.00

销货单位	名　　称：海河市供电公司 纳税人识别号：120000123665412 地址、电话：海河市河西区永安路38号 开户行及账号：工商银行永安支行　306405546897123	备注	海河市供电公司 120000123665412 发票专用章

收款人：于志　　　复核：郭方　　　开票人：梁勇　　　销货单位：

------------------✂------------------✂------------------

业务 12-78-3

电费计算分配表

20××年11月30日

部门＼项目		用电量	分配率	分配金额
基本生产车间 生产用电	200#			
	150#			
	240#			
小计				
基本车间照明用电				
辅助车间用电				
管理部门用电				
合计				

复核人：王梅　　　　　　　　　　　　　　　　　制表人：孙亮

业务 12-79 凭证略

业务 12-80-1

辅 助 成 本 分 配 表

20××年12月31日

项目	热能量（平方米）	分配率	分配金额（元）
基本生产车间			
管理部门			
对外销售			
合计			

复核人：王梅　　　　　　　　　　　　　　　　　　　制表人：孙亮

业务 12-80-2

海河市增值税专用发票

NO.0983267

记账联

此联不作报效、扣款凭证使用　　　　　开票日期：20××年12月31日

购货单位	名　　　称：海河市海湾公司 纳税人识别号：120456123456406 地址、电话：海河市海湾路56号　24581368 开户行及账号：工商银行海湾支行、406805654321414	密码区	（略）

货物或应税劳务名称	规格型号	单位	数量	单价	金额	税率	税额
热能		平方米	30 000	18.00	540 000.00	13%	70 200.00
合　计	货款未付						

价税合计（大写）	陆拾壹万零贰佰元整	（小写）¥610 200.00

销货单位	名　　　称：海河钢管制造有限责任公司 纳税人识别号：120000123456789 地址、电话：海河市五大道107号　022-20060066 开户行及账号：工商银行海苑支行　3061234567890000006	备注	（海河钢管制造有限责任公司 120000123456789 发票专用章）

收款人：丁茜　　　　复核：王梅　　　　开票人：何杰　　　　销货单位：

第四联　记账联　销货方记账凭证

业务 79

结转辅助车间制造费用。原始凭证：略。

业务 80

结转辅助车间生产成本。本月提供热能共计 60 000 平方米。其中：基本生产车间 13 500 平方米，管理部门 16 500 平方米，出售给海湾公司 30 000 平方米，售价 18 元/平方米，税率 13%，款未收。辅助车间成本分配后，期末无余额。

原始凭证：（1）辅助车间成本分配计算表；（2）增值税专用发票。

业务 12-81

制造费用分配表

20××年12月31日 单位：元

项目		投产量	分配率	分配金额
基本生产	地质井管 200#			
	地质井管 150#			
	地热管 240#			
合计				

复核人：王梅 制表人：孙亮

业务 12-82-1

生产成本计算单

产品名称：地质井管 200#　　20××年12月31日　　单位：元

	直接材料	燃料、动力	直接人工	制造费用	合计
期初余额					
本月发生					
合计					
完工入库					
期末余额					

复核人：王梅 制表人：孙亮

业务 12-82-2

生产成本计算单

产品名称：地质井管 150#　　20××年12月31日　　单位：元

	直接材料	燃料、动力	直接人工	制造费用	合计
期初余额					
本月发生					
合计					
完工入库					
期末余额					

复核人：王梅 制表人：孙亮

163

业务 81

计算并结转基本生产车间制造费用。按照本月投产比例进行基本车间制造费用的分配。

原始凭证：基本生产车间制造费用分配表。

提示：制造费用在不同产品成本之间按本月投产比例 5∶3∶2 进行分配。

业务 82

计算并结转完工产品成本。月初在产品地质井管 200#205 吨，地质井管 150#280 吨，地热管 240#170 吨，本月完工入库 200#3 480 吨，150#2 100 吨，240#1 500 吨。期末在产品完工率 80%。

提示：由于计算数值过程中存在小数点保留位数问题，故计算中会有 0.01 的误差。

企业完工产品成本和期末在产品成本的分配，采用约当产量法。

约当产量是指根据期末在产品的投料和加工程度，将在产品按一定标准折合为相当于完工产品的数量。计算公式从上述概念我们得出计算约当产量可分四步：

第一步，计算在产品约当产量

在产品约当产量 = 在产品数量 × 完工率（完工程度）（公式 1）；

第二步，计算费用分配率（即每件完工产品应分配的费用）

费用分配率 =（期初在产品成本 + 本期生产费用）/（完工产品产量 + 期末在产品约当量）（公式 2）；

第三步，求出在产品的成本

月末在产品成本 = 月末在产品约当产量 × 费用分配率（公式 3）；

第四步，求出完工产品的成本

完工产品成本 = 完工产品数量 × 费用分配率（公式 4）

业务 12-82-3

生产成本计算单

产品名称：地热管 240#　　　　20××年 12 月 31 日　　　　　　　　　　　单位：元

	直接材料	燃料、动力	直接人工	制造费用	合计
期初余额					
本月发生					
合计					
完工入库					
期末余额					

复核人：王梅　　　　　　　　　　　　　　　　　　　　　制表人：孙亮

业务 12-83-1

库存商品加权平均单位成本计算表

20××年 12 月 31 日　　　　　　　　　　　单位：元

产品名称	期初结存		本期入库		加权平均单位成本
	数量	金额	数量	金额	
地质井管 200#					
地质井管 150#					
地热井管 240#					
地热井管 180#					
合计					

复核人：王梅　　　　　　　　　　　　　　　　　　　　　制单人：孙亮

业务 12-83-2

主营业务成本计算表

20××年 12 月 31 日　　　　　　　　　　　单位：元

产品名称	本期销售			
	计量单位	数量	加权平均单位成本	总成本
地质井管 200#				
地质井管 150#				
地热井管 240#				
地热井管 180#				
合计				

复核人：王梅　　　　　　　　　　　　　　　　　　　　　制单人：孙亮

业务 83

计算并结转本期产品销售成本。

提示：单位销售成本保留小数点后两位，采用一次加权平均法计算。

业务 12-84

坏账准备计算表

20××年12月31日

应收账款账面余额	计提比例	期末保留余额	期初坏账准备余额	坏账准备借方发生	计提坏账准备额

复核人：王梅　　　　　　　　　　　　　　　制表人：孙亮

------------------------✂--✂------------------------

业务 12-85

存货跌价准备计算表

20××年12月31日

存货类会计科目	期末余额	计提比例	存货跌价准备额

复核人：王梅　　　　　　　　　　　　　　　制表人：孙亮

------------------------✂--✂------------------------

业务 12-86

中国工商银行存款利息通知（收款通知）3

委托日期　20××年12月31日

收款人	全称	海河钢管制造有限责任公司	付款人	全称	中国工商银行海苑支行
	账号	3061234567890000006		账号	30612011234567890
	开户银行	工商银行海苑支行		开户银行	工商银行海苑支行

金额	人民币（大写）：叁仟陆佰元整	千	百	十	万	千	百	十	元	角	分
					¥	3	6	0	0	0	0

结息期		计息积数		利率	

备注：

中国工商银行海苑支行
20××.12.31
转讫

单位主管：张新　　　会计：孙茜　　　复核：张新　　　记账

业务 84

采用应收账款余额百分比法计提坏账准备金。坏账准备金提取率 0.5%。

业务 85

计提存货跌价准备金。经资产减值测试，辅助材料保护环的可变现净值已低于账面价值 60 000 元。
提示：期末库存保护环 7 500 个，原单位成本 60 元。

业务 86

收到银行存款本季度利息 3 600 元，已入账。

业务 12-87-1

工商银行滨海分行手续费凭证（回单）

20××年12月31日　　　　　　　　　　　　第　号

付款人	全　称	海河钢管制造有限责任公司	收款人	收　款　行	工商银行海苑支行	此联银行收款后退回单位的支款通知
	账号或地址	3061234567890000006		收款科目		
	开户银行	工商银行海苑支行		收款账户	30612088888888	

单位签章	收费种类和标准	金　额						
预留印鉴　　　　经手人章	账户使用费	小写	千	百	十	元	角	分
			¥	1	2	0	0	0
		大写	零	壹	贰	零	零	零
		复核　　　记账						

（海河银行滨海支行　20××.12.31　转讫）

-------- ✂ --------

业务 12-87-2

中国海河银行滨海支行手续费凭证（回单）

20××年12月31日　　　　　　　　　　　　第　号

付款人	全　称	海河钢管制造有限责任公司	收款人	收　款　行	海河银行滨海支行	此联银行收款后退回单位的支款通知
	账号或地址	3081234567890000008		收款科目		
	开户银行	海河银行滨海支行		收款账户	30612088888888	

单位签章	收费种类和标准	金　额						
预留印鉴　　　　经手人章	账户使用费	小写	千	百	十	元	角	分
			¥	1	2	0	0	0
		大写	零	壹	贰	零	零	零
		复核　　　记账						

（海河银行滨海支行　20××.12.31　转讫）

-------- ✂ --------

业务 12-88 凭证略

业务 87

年底支付银行基本账户和一般账户使用费各 120 元。

业务 88

结转发放职工生活困难补贴。(业务 26 笔)

提示：8 日，职工张海重病住院，企业以现金 600 元作为生活困难补助费。

业务 12-89

会计差错更正说明

发现本年度 6 月 1 日购入的一台管理用计算机，价值 6 000 元，错误计入了期间费用。本年度 12 月 31 日对此项会计差错予以更正。

财务部长：王梅

20××年12月31日

业务 12-90 凭证略

业务 12-91-1

财产清查报告单

20××年12月31日

类别	财产名称规格	单位	单价	账面数量	实物数量	盘盈 数量	盘盈 金额	盘亏 数量	盘亏 金额	盈亏原因
	保护环	个	60					21	1260	坏损
合计										

财务主管：王梅　　　部门主管：李可　　　保管：江伟　　　制单：王图

业务 89

31 日，发现本年 6 月 1 日购入的一台管理用计算机，价值 6 000 元，当时计入了期间费用。该类管理用固定资产折旧期 5 年，预计净残值率 4%。做会计差错更正处理。

业务 90

交易性金融资产期末计价确认。期末，长城钢铁股份公司每股市价 12.8 元。

提示：6 日，从北方证券公司以每股 12 元的价格购进长城钢铁公司股票 300 000 股作为交易性金融资产，其中包含已宣告但尚未发放的现金股利每股 0.2 元。期末，公允价值增加 300 000 元。

业务 91

期末财产清查，发现保护环坏损 21 个，单位成本 60 元，经查实为管理不善造成。确认仓库保管员吴玲赔偿损失 200 元，其余计入当期损益。

业务 12-91-2

盘亏物资处理审批表

20××年12月31日

名称	规格型号	盘亏数 数量	盘亏数 金额	盘亏原因	领导批示
保护环		21	1 260	坏损	按规定处理。 总经理：高平 20××年12月31日
合计					

部门主管：李可　　　　　保管员：江伟　　　　　复查人：石桥

业务 12-92

利润分配证明

利润分配

　　根据海河市东方宾馆与海河钢管制造有限责任公司的投资协议规定，分配海河钢管制造有限责任公司税后利润壹佰陆拾伍万壹仟贰佰元整（￥1 651 200.00）。

滨海市东方宾馆
20××年12月31日

（滨海市东方宾馆 财务专用章）

业务 12-93-1

当期应纳及未交增值税计算表

20××年12月31日　　　　　　　　　　　　　　　　　　　单位：元

项目	当期销项税额	当期进项税额	当期应纳增值税额	已交增值税	转出未交增值税
金额					

复核人：王梅　　　　　　　　　制单人：孙亮

业务92

年末,确认东方宾馆投资收益。东方宾馆本年净盈利516万元。本企业占其全部投资份额80%。东方宾馆已宣布红利分配方案,以本年净盈利40%分派现金股利。

提示:投资时间为上年1月1日。东方宾馆与我公司是联营企业,采用权益法进行长期股权投资后续计量。

业务93

31日,计算并结转税金。城建税率为7%,教育费附加3%。转出未交增值税。

业务 12-93-2

应纳城建税和教育费附加计算表

20××年12月31日　　　　　　　　　　　　　　　　　　　　单位：元

项目	计税依据	税率	应纳税额
城市维护建设税		7%	
教育费附加		3%	
合计		—	—

复核人：王梅　　　　　　　　　　　　　　　　　　　　　　制单人：孙亮

业务 12-94

收入、费用结转及本年利润计算表

20××年12月31日　　　　　　　　　　　　　　　　　　　　单位：元

收入类账户	结转前贷方余额	费用类账户	结转前借方余额
主营业务收入		主营业务成本	
其他业务收入		其他业务成本	
投资收益		营业税金及附加	
公允价值变动损益		销售费用	
		管理费用	
		财务费用	
		营业外支出	
		资产减值损失	
合计		合计	

利润总额 =

复核人：王梅　　　　　　　　　　　　　　　　　　　　　　制单人：孙亮

业务 12-95 凭证略

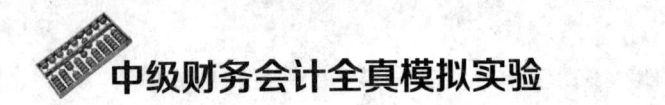

业务94

31日，计算并结转本月收入。

业务95

31日，计算并结转成本及费用。

业务 12-96

所得税费用计算表

20×× 年 12 月 31 日　　　　　　　　　　　　　　　　单位：元

调整前利润总额	
加：	
减：	
应纳税所得额	
所得税率（%）	
本期应交所得税费用	

复核人：王梅　　　　　　　　　　　　　　　　　　制单人：孙亮

业务 12-97 凭证略

业务 12-98

盈余公积计算表

20×× 年 12 月 31 日

全年税后净利润	
盈余公积	
其中：法定盈余公积	
任意盈余公积	
合计	

复核：　　　　　　　　　　　　　　　　　　　　　制表：

业务 96

31 日，计算并结转本月应交所得税费用。

提示：根据税法规定，企业的罚款支出、业务招待费支出应作为永久性差异调增企业应纳税所得额；企业的资产减值损失作为暂时性差异，在调增应纳税所得额的同时，将暂时性差异确认为递延所得税资产。

业务 97

31 日，将"本年利润"账户的余额转入"利润分配——未分配利润"账户。

业务 98

31 日，分别按全年税后利润提取 10% 的本年盈余公积，提取 8% 任意盈余公积金。

业务 12-99

利润分配表

年　月　日

利润分配项目	分配比例	金额
全年税后净利润	100%	
对外分配利润	20%	

复核人：　　　　　　　　　　　　　　　　　　　　　　　制表人：

业务 12-100 凭证略

业务 99

根据董事会决议按税后利润 20% 向投资者分配红利，投资红利将于转年 1 月 16 日发放。

业务 100

31 日，将"利润分配"相关账户余额转入"利润分配——未分配利润"账户。

第五章 附 录

收款凭证

总号	
分号	

借方科目..................　　　　年　月　日　　　　　　附件　　张

摘要	贷方科目		过账	金额
	总账科目	明细科目		亿 千 百 十 万 千 百 十 元 角 分
合　计				

财会主管　　　　记账　　　　出纳　　　　复核　　　　制单

------------------------✂------------------------✂------------------------

收款凭证

总号	
分号	

借方科目..................　　　　年　月　日　　　　　　附件　　张

摘要	贷方科目		过账	金额
	总账科目	明细科目		亿 千 百 十 万 千 百 十 元 角 分
合　计				

财会主管　　　　记账　　　　出纳　　　　复核　　　　制单

收 款 凭 证

总号	
分号	

借方科目....................　　　　年　月　日　　　　　　附件　　张

摘　要	贷方科目		过账	金　额									
	总账科目	明细科目		亿	千	百	十	万	千	百	十	元	角	分
合　计														

财会主管　　　　记账　　　　出纳　　　　复核　　　　制单

收 款 凭 证

总号	
分号	

借方科目....................　　　　年　月　日　　　　　　附件　　张

摘　要	贷方科目		过账	金　额									
	总账科目	明细科目		亿	千	百	十	万	千	百	十	元	角	分
合　计														

财会主管　　　　记账　　　　出纳　　　　复核　　　　制单

收 款 凭 证

总号	
分号	

借方科目..................　　　　　年　月　日　　　　　　附件　　张

摘要	贷方科目		过账	金额									
	总账科目	明细科目		亿	千	百	十	万	千	百	十	元	角	分
合　计														

　　财会主管　　　　记账　　　　出纳　　　　复核　　　　制单

------------------------------✂----------------------------------✂------------------------------

收 款 凭 证

总号	
分号	

借方科目..................　　　　　年　月　日　　　　　　附件　　张

摘要	贷方科目		过账	金额									
	总账科目	明细科目		亿	千	百	十	万	千	百	十	元	角	分
合　计														

　　财会主管　　　　记账　　　　出纳　　　　复核　　　　制单

收 款 凭 证

总号	
分号	

借方科目................　　　　　年　月　日　　　　　附件　　张

摘　要	贷方科目		过账	金　额									
	总账科目	明细科目		亿	千	百	十	万	千	百	十	元	角	分
合　计														

财会主管　　　　记账　　　　出纳　　　　复核　　　　制单

收 款 凭 证

总号	
分号	

借方科目................　　　　　年　月　日　　　　　附件　　张

摘　要	贷方科目		过账	金　额									
	总账科目	明细科目		亿	千	百	十	万	千	百	十	元	角	分
合　计														

财会主管　　　　记账　　　　出纳　　　　复核　　　　制单

收 款 凭 证

总号	
分号	

借方科目..................　　　　　年　月　日　　　　　附件　　张

摘　要	贷方科目		过账	金　额									
	总账科目	明细科目		亿	千	百	十	万	千	百	十	元	角	分
合　计														

　　　财会主管　　　　记账　　　　出纳　　　　复核　　　　制单

- - - - - - - - - - - - - - ✂ - - - - - - - - - - - - - - ✂ - - - - - - - - - - - - - -

收 款 凭 证

总号	
分号	

借方科目..................　　　　　年　月　日　　　　　附件　　张

摘　要	贷方科目		过账	金　额									
	总账科目	明细科目		亿	千	百	十	万	千	百	十	元	角	分
合　计														

　　　财会主管　　　　记账　　　　出纳　　　　复核　　　　制单

收 款 凭 证

总号	
分号	

借方科目.................... 　　　年 月 日 　　　附件 张

摘 要	贷方科目		过账	金 额
	总账科目	明细科目		亿 千 百 十 万 千 百 十 元 角 分
	合 计			

财会主管　　　记账　　　出纳　　　复核　　　制单

✂ ✂

收 款 凭 证

总号	
分号	

借方科目.................... 　　　年 月 日 　　　附件 张

摘 要	贷方科目		过账	金 额
	总账科目	明细科目		亿 千 百 十 万 千 百 十 元 角 分
	合 计			

财会主管　　　记账　　　出纳　　　复核　　　制单

收 款 凭 证

总号	
分号	

借方科目.................... 年 月 日 附件 张

摘 要	贷方科目		过账	金 额									
	总账科目	明细科目		亿	千	百	十	万	千	百	十	元	角	分
合 计													

财会主管　　　　记账　　　　出纳　　　　复核　　　　制单

--------✂--------✂--------

收 款 凭 证

总号	
分号	

借方科目.................... 年 月 日 附件 张

摘 要	贷方科目		过账	金 额									
	总账科目	明细科目		亿	千	百	十	万	千	百	十	元	角	分
合 计													

财会主管　　　　记账　　　　出纳　　　　复核　　　　制单

付款凭证

总号	
分号	

贷方科目..................　　　　年　月　日　　　　　　附件　　张

摘　要	借方科目		过账	金　额										
	总账科目	明细科目		亿	千	百	十	万	千	百	十	元	角	分
	合　计													

财会主管　　　记账　　　出纳　　　复核　　　制单　　　领款人签章

付款凭证

总号	
分号	

贷方科目..................　　　　年　月　日　　　　　　附件　　张

摘　要	借方科目		过账	金　额										
	总账科目	明细科目		亿	千	百	十	万	千	百	十	元	角	分
	合　计													

财会主管　　　记账　　　出纳　　　复核　　　制单　　　领款人签章

付款凭证

总号	
分号	

贷方科目......................... 　　　年　月　日　　　　　附件　　张

摘要	借方科目		过账	金额
	总账科目	明细科目		亿 千 百 十 万 千 百 十 元 角 分
合　计				

财会主管　　　　记账　　　　出纳　　　　复核　　　　制单　　　　领款人签章

✂ --- ✂

付款凭证

总号	
分号	

贷方科目......................... 　　　年　月　日　　　　　附件　　张

摘要	借方科目		过账	金额
	总账科目	明细科目		亿 千 百 十 万 千 百 十 元 角 分
合　计				

财会主管　　　　记账　　　　出纳　　　　复核　　　　制单　　　　领款人签章

付 款 凭 证

总号	
分号	

贷方科目……………………　　　　年　月　日　　　　　　附件　　张

摘　要	借方科目		过账	金　额									
	总账科目	明细科目		亿	千	百	十	万	千	百	十	元	角	分
合　计														

财会主管　　　　记账　　　　出纳　　　　复核　　　　制单　　　　领款人签章

- - - - - - - - - - - - - - - ✂ - - - - - - - - - - - - - - - ✂ - - - - - - - - - - - - - - -

付 款 凭 证

总号	
分号	

贷方科目……………………　　　　年　月　日　　　　　　附件　　张

摘　要	借方科目		过账	金　额									
	总账科目	明细科目		亿	千	百	十	万	千	百	十	元	角	分
合　计														

财会主管　　　　记账　　　　出纳　　　　复核　　　　制单　　　　领款人签章

付 款 凭 证

总号	
分号	

贷方科目……………………   年 月 日   附件   张

摘 要	借方科目		过账	金 额										
	总账科目	明细科目		亿	千	百	十	万	千	百	十	元	角	分
合 计														

财会主管   记账   出纳   复核   制单   领款人签章

--------✂--------------------✂--------

付 款 凭 证

总号	
分号	

贷方科目……………………   年 月 日   附件   张

摘 要	借方科目		过账	金 额										
	总账科目	明细科目		亿	千	百	十	万	千	百	十	元	角	分
合 计														

财会主管   记账   出纳   复核   制单   领款人签章

	总号	
	分号	

付 款 凭 证

贷方科目....................　　　　　年　月　日　　　　　　附件　　张

摘　要	借方科目		过账	金　额										
	总账科目	明细科目		亿	千	百	十	万	千	百	十	元	角	分
合　计														

　财会主管　　　　记账　　　　出纳　　　　复核　　　　　制单　　　领款人签章

--------✂--------------------------✂--------

	总号	
	分号	

付 款 凭 证

贷方科目....................　　　　　年　月　日　　　　　　附件　　张

摘　要	借方科目		过账	金　额										
	总账科目	明细科目		亿	千	百	十	万	千	百	十	元	角	分
合　计														

　财会主管　　　　记账　　　　出纳　　　　复核　　　　　制单　　　领款人签章

付款凭证

	总号	
	分号	

贷方科目……………………   年 月 日   附件   张

摘 要	借方科目		过账	金 额
	总账科目	明细科目		亿 千 百 十 万 千 百 十 元 角 分
合 计				

财会主管   记账   出纳   复核   制单   领款人签章

------- ✂ ------- ✂ -------

付款凭证

	总号	
	分号	

贷方科目……………………   年 月 日   附件   张

摘 要	借方科目		过账	金 额
	总账科目	明细科目		亿 千 百 十 万 千 百 十 元 角 分
合 计				

财会主管   记账   出纳   复核   制单   领款人签章

付 款 凭 证

总号	
分号	

贷方科目............................ 年 月 日 附件 张

| 摘 要 | 借方科目 | | 过账 | 金 额 |
	总账科目	明细科目		亿 千 百 十 万 千 百 十 元 角 分
合 计				

财会主管　　　记账　　　出纳　　　复核　　　制单　　　领款人签章

付 款 凭 证

总号	
分号	

贷方科目............................ 年 月 日 附件 张

| 摘 要 | 借方科目 | | 过账 | 金 额 |
	总账科目	明细科目		亿 千 百 十 万 千 百 十 元 角 分
合 计				

财会主管　　　记账　　　出纳　　　复核　　　制单　　　领款人签章

付 款 凭 证

总号	
分号	

贷方科目_____ 年 月 日 附件　张

| 摘　要 | 借方科目 | | 过账 | 金　额 |
	总账科目	明细科目		亿 千 百 十 万 千 百 十 元 角 分
合　计				

财会主管　　　记账　　　出纳　　　复核　　　制单　　　领款人签章

------------------------✂------------------------✂------------------------

付 款 凭 证

总号	
分号	

贷方科目_____ 年 月 日 附件　张

| 摘　要 | 借方科目 | | 过账 | 金　额 |
	总账科目	明细科目		亿 千 百 十 万 千 百 十 元 角 分
合　计				

财会主管　　　记账　　　出纳　　　复核　　　制单　　　领款人签章

付款凭证

总号	
分号	

贷方科目..................... 年 月 日 附件 张

摘 要	借 方 科 目		过账	金 额
	总账科目	明细科目		亿 千 百 十 万 千 百 十 元 角 分
合 计				

财会主管　　　记账　　　出纳　　　复核　　　制单　　　领款人签章

付款凭证

总号	
分号	

贷方科目..................... 年 月 日 附件 张

摘 要	借 方 科 目		过账	金 额
	总账科目	明细科目		亿 千 百 十 万 千 百 十 元 角 分
合 计				

财会主管　　　记账　　　出纳　　　复核　　　制单　　　领款人签章

付款凭证

总号	
分号	

贷方科目..................　　　　年　月　日　　　　　　附件　　张

摘　要	借方科目		过账	金　额										
	总账科目	明细科目		亿	千	百	十	万	千	百	十	元	角	分
合　计														

财会主管　　　　记账　　　　出纳　　　　复核　　　　制单　　　　领款人签章

-------------------- ✂ -------------------- ✂ --------------------

付款凭证

总号	
分号	

贷方科目..................　　　　年　月　日　　　　　　附件　　张

摘　要	借方科目		过账	金　额										
	总账科目	明细科目		亿	千	百	十	万	千	百	十	元	角	分
合　计														

财会主管　　　　记账　　　　出纳　　　　复核　　　　制单　　　　领款人签章

付 款 凭 证

总号	
分号	

贷方科目..................　　　　　年　月　日　　　　　附件　　张

摘　要	借方科目		过账	金　额									
	总账科目	明细科目		亿	千	百	十	万	千	百	十	元	角	分
合　计														

财会主管　　　　记账　　　　出纳　　　　复核　　　　制单　　　　领款人签章

------------------------✂------------------------✂------------------------

付 款 凭 证

总号	
分号	

贷方科目..................　　　　　年　月　日　　　　　附件　　张

摘　要	借方科目		过账	金　额									
	总账科目	明细科目		亿	千	百	十	万	千	百	十	元	角	分
合　计														

财会主管　　　　记账　　　　出纳　　　　复核　　　　制单　　　　领款人签章

付 款 凭 证

总号	
分号	

贷方科目……………………　　　年 月 日　　　附件　　张

摘 要	借 方 科 目		过账	金 额									
	总账科目	明细科目		亿	千	百	十	万	千	百	十	元	角	分
合 计														

财会主管　　　记账　　　出纳　　　复核　　　制单　　　领款人签章

- - - - - - - - - - ✂ - - - - - - - - - - ✂ - - - - - - - - - -

付 款 凭 证

总号	
分号	

贷方科目……………………　　　年 月 日　　　附件　　张

摘 要	借 方 科 目		过账	金 额									
	总账科目	明细科目		亿	千	百	十	万	千	百	十	元	角	分
合 计														

财会主管　　　记账　　　出纳　　　复核　　　制单　　　领款人签章

付款凭证

总号	
分号	

贷方科目......................　　　　　年　月　日　　　　　　附件　　张

摘　要	借方科目		过账	金　额									
	总账科目	明细科目		亿	千	百	十	万	千	百	十	元	角	分
合　计														

财会主管　　　记账　　　出纳　　　复核　　　制单　　　领款人签章

付款凭证

总号	
分号	

贷方科目......................　　　　　年　月　日　　　　　　附件　　张

摘　要	借方科目		过账	金　额									
	总账科目	明细科目		亿	千	百	十	万	千	百	十	元	角	分
合　计														

财会主管　　　记账　　　出纳　　　复核　　　制单　　　领款人签章

付款凭证

总号	
分号	

贷方科目.................... 年 月 日 附件 张

摘 要	借方科目		过账	金 额									
	总账科目	明细科目		亿	千	百	十	万	千	百	十	元	角	分
合 计														

财会主管　　　记账　　　出纳　　　复核　　　制单　　　领款人签章

- - - - - ✂ - - - - - ✂ - - - - -

付款凭证

总号	
分号	

贷方科目.................... 年 月 日 附件 张

摘 要	借方科目		过账	金 额									
	总账科目	明细科目		亿	千	百	十	万	千	百	十	元	角	分
合 计														

财会主管　　　记账　　　出纳　　　复核　　　制单　　　领款人签章

付 款 凭 证

总号	
分号	

贷方科目_____　　　　年　月　日　　　　附件　　张

摘　要	借方科目		过账	金　额										
	总账科目	明细科目		亿	千	百	十	万	千	百	十	元	角	分
合　计														

财会主管　　　　记账　　　　出纳　　　　复核　　　　制单　　　　领款人签章

------------------------------✂------------------------------✂------------------------------

付 款 凭 证

总号	
分号	

贷方科目_____　　　　年　月　日　　　　附件　　张

摘　要	借方科目		过账	金　额										
	总账科目	明细科目		亿	千	百	十	万	千	百	十	元	角	分
合　计														

财会主管　　　　记账　　　　出纳　　　　复核　　　　制单　　　　领款人签章

付 款 凭 证

总号	
分号	

贷方科目......................   年 月 日   附件   张

摘 要	借方科目		过账	金 额
	总账科目	明细科目		亿 千 百 十 万 千 百 十 元 角 分
合 计				

财会主管　　　记账　　　出纳　　　复核　　　制单　　　领款人签章

付 款 凭 证

总号	
分号	

贷方科目......................   年 月 日   附件   张

摘 要	借方科目		过账	金 额
	总账科目	明细科目		亿 千 百 十 万 千 百 十 元 角 分
合 计				

财会主管　　　记账　　　出纳　　　复核　　　制单　　　领款人签章

付款凭证

总号	
分号	

贷方科目 .... 　　　年　月　日　　　　　附件　　张

摘　要	借方科目		过账	金　额
	总账科目	明细科目		亿 千 百 十 万 千 百 十 元 角 分
合　计				

财会主管　　　　记账　　　　出纳　　　　复核　　　　制单　　　　领款人签章

✂ — — — — — — — — — — — ✂ — — — — — —

付款凭证

总号	
分号	

贷方科目 .... 　　　年　月　日　　　　　附件　　张

摘　要	借方科目		过账	金　额
	总账科目	明细科目		亿 千 百 十 万 千 百 十 元 角 分
合　计				

财会主管　　　　记账　　　　出纳　　　　复核　　　　制单　　　　领款人签章

付款凭证

总号	
分号	

贷方科目 ....　　　　年　月　日　　　　附件　　张

摘　要	借方科目		过账	金　额									
	总账科目	明细科目		亿	千	百	十	万	千	百	十	元	角	分
合　计														

财会主管　　　记账　　　出纳　　　复核　　　制单　　　领款人签章

- - - - - - - - - - - ✂ - - - - - - - - - - - - - - - - ✂ - - - - - - - - - - -

付款凭证

总号	
分号	

贷方科目 ....　　　　年　月　日　　　　附件　　张

摘　要	借方科目		过账	金　额									
	总账科目	明细科目		亿	千	百	十	万	千	百	十	元	角	分
合　计														

财会主管　　　记账　　　出纳　　　复核　　　制单　　　领款人签章

付 款 凭 证

总号　　　　
分号　　　　

贷方科目……………………　　　年　月　日　　　　附件　　张

摘　要	借方科目		过账	金　额									
	总账科目	明细科目		亿	千	百	十	万	千	百	十	元	角	分
	合　计													

财会主管　　　　记账　　　　出纳　　　　复核　　　　制单　　　　领款人签章

✂ - ✂

付 款 凭 证

总号　　　　
分号　　　　

贷方科目……………………　　　年　月　日　　　　附件　　张

摘　要	借方科目		过账	金　额									
	总账科目	明细科目		亿	千	百	十	万	千	百	十	元	角	分
	合　计													

财会主管　　　　记账　　　　出纳　　　　复核　　　　制单　　　　领款人签章

付 款 凭 证

总号	
分号	

贷方科目...................　　　　　年　月　日　　　　　附件　　张

摘　要	借方科目		过账	金　额									
	总账科目	明细科目		亿	千	百	十	万	千	百	十	元	角	分
合　计													

财会主管　　　　记账　　　　出纳　　　　复核　　　　制单　　　　领款人签章

------------------✂------------------✂------------------

付 款 凭 证

总号	
分号	

贷方科目...................　　　　　年　月　日　　　　　附件　　张

摘　要	借方科目		过账	金　额									
	总账科目	明细科目		亿	千	百	十	万	千	百	十	元	角	分
合　计													

财会主管　　　　记账　　　　出纳　　　　复核　　　　制单　　　　领款人签章

付款凭证

总号	
分号	

贷方科目……………………　　　　年　月　日　　　　　　附件　　张

摘　要	借　方　科　目		过账	金　　额
	总账科目	明细科目		亿　千　百　十　万　千　百　十　元　角　分
合　计				

财会主管　　　记账　　　出纳　　　复核　　　制单　　　领款人签章

- - - - - - - - - - ✂ - - - - - - - - - - - - - - - - - ✂ - - - - - - - - - -

付款凭证

总号	
分号	

贷方科目……………………　　　　年　月　日　　　　　　附件　　张

摘　要	借　方　科　目		过账	金　　额
	总账科目	明细科目		亿　千　百　十　万　千　百　十　元　角　分
合　计				

财会主管　　　记账　　　出纳　　　复核　　　制单　　　领款人签章

付款凭证

	总号	
	分号	

贷方科目..................... 年 月 日 附件 张

| 摘要 | 借方科目 | | 过账 | 金额 |
	总账科目	明细科目		亿 千 百 十 万 千 百 十 元 角 分
合 计				

财会主管　　　　记账　　　　出纳　　　　复核　　　　制单　　　　领款人签章

―――――――――✂―――――――――✂―――――――――

付款凭证

	总号	
	分号	

贷方科目..................... 年 月 日 附件 张

| 摘要 | 借方科目 | | 过账 | 金额 |
	总账科目	明细科目		亿 千 百 十 万 千 百 十 元 角 分
合 计				

财会主管　　　　记账　　　　出纳　　　　复核　　　　制单　　　　领款人签章

付款凭证

总号	
分号	

贷方科目................　　　　　年　月　日　　　　　附件　　张

摘　要	借 方 科 目		过账	金　额
	总账科目	明细科目		亿 千 百 十 万 千 百 十 元 角 分
合　计				

财会主管　　　记账　　　出纳　　　复核　　　制单　　　领款人签章

................✂................✂................

付款凭证

总号	
分号	

贷方科目................　　　　　年　月　日　　　　　附件　　张

摘　要	借 方 科 目		过账	金　额
	总账科目	明细科目		亿 千 百 十 万 千 百 十 元 角 分
合　计				

财会主管　　　记账　　　出纳　　　复核　　　制单　　　领款人签章

付款凭证

总号	
分号	

贷方科目 ....　　　　年　月　日　　　　附件　　张

摘 要	借方科目		过账	金　额									
	总账科目	明细科目		亿	千	百	十	万	千	百	十	元	角	分
合　计														

财会主管　　　记账　　　出纳　　　复核　　　制单　　　领款人签章

--- ✂ --- ✂ ---

付款凭证

总号	
分号	

贷方科目 ....　　　　年　月　日　　　　附件　　张

摘 要	借方科目		过账	金　额									
	总账科目	明细科目		亿	千	百	十	万	千	百	十	元	角	分
合　计														

财会主管　　　记账　　　出纳　　　复核　　　制单　　　领款人签章

付款凭证

总号	
分号	

贷方科目................. 　　　年　月　日　　　　　　附件　　张

摘要	借方科目		过账	金额										
	总账科目	明细科目		亿	千	百	十	万	千	百	十	元	角	分
合　计														

财会主管　　　记账　　　出纳　　　复核　　　制单　　　领款人签章

✂ - - - - - - - - - - - - - - - - - - - ✂ - - - - - - - - - - -

付款凭证

总号	
分号	

贷方科目................. 　　　年　月　日　　　　　　附件　　张

摘要	借方科目		过账	金额										
	总账科目	明细科目		亿	千	百	十	万	千	百	十	元	角	分
合　计														

财会主管　　　记账　　　出纳　　　复核　　　制单　　　领款人签章

付 款 凭 证

	总号	
	分号	

贷方科目..................　　　　年　月　日　　　　　　　　　附件　　张

摘 要	借 方 科 目		过账	金 额
	总账科目	明细科目		亿 千 百 十 万 千 百 十 元 角 分
合 计				

财会主管　　　记账　　　出纳　　　复核　　　制单　　　领款人签章

- - - - - - - - - - ✂ - - - - - - - - - - - - - - - - - - - ✂ - - - - - - - - - -

付 款 凭 证

	总号	
	分号	

贷方科目..................　　　　年　月　日　　　　　　　　　附件　　张

摘 要	借 方 科 目		过账	金 额
	总账科目	明细科目		亿 千 百 十 万 千 百 十 元 角 分
合 计				

财会主管　　　记账　　　出纳　　　复核　　　制单　　　领款人签章

转 账 凭 证

总号
分号

年 月 日　　　附件　张

摘 要	总账科目	明细科目	过账	借方金额 亿千百十万千百十元角分	贷方金额 亿千百十万千百十元角分
合 计					

财会主管　　　记账　　　出纳　　　复核　　　制单　　　领款人签章

转 账 凭 证

总号
分号

年 月 日　　　附件　张

摘 要	总账科目	明细科目	过账	借方金额 亿千百十万千百十元角分	贷方金额 亿千百十万千百十元角分
合 计					

财会主管　　　记账　　　出纳　　　复核　　　制单　　　领款人签章

转 账 凭 证

总号	
分号	

年　月　日　　　　　　附件　　张

摘　要	总账科目	明细科目	过账	借方金额 亿千百十万千百十元角分	贷方金额 亿千百十万千百十元角分
合　计					

财会主管　　　　记账　　　　出纳　　　　复核　　　　制单　　　　领款人签章

转 账 凭 证

总号	
分号	

年　月　日　　　　　　附件　　张

摘　要	总账科目	明细科目	过账	借方金额 亿千百十万千百十元角分	贷方金额 亿千百十万千百十元角分
合　计					

财会主管　　　　记账　　　　出纳　　　　复核　　　　制单　　　　领款人签章

转 账 凭 证

总号	
分号	

年　月　日　　　　　　　附件　　张

摘　要	总账科目	明细科目	过账	借方金额 亿千百十万千百十元角分	贷方金额 亿千百十万千百十元角分
合　计					

财会主管　　　　记账　　　　出纳　　　　复核　　　　制单　　　　领款人签章

--- ✂ --- ✂ ---

转 账 凭 证

总号	
分号	

年　月　日　　　　　　　附件　　张

摘　要	总账科目	明细科目	过账	借方金额 亿千百十万千百十元角分	贷方金额 亿千百十万千百十元角分
合　计					

财会主管　　　　记账　　　　出纳　　　　复核　　　　制单　　　　领款人签章

转账凭证

		总号	
		分号	

年　月　日　　　　　　附件　　张

摘要	总账科目	明细科目	过账	借方金额 亿千百十万千百十元角分	贷方金额 亿千百十万千百十元角分
	合　计				

财会主管　　　　记账　　　　出纳　　　　复核　　　　制单　　　　领款人签章

----------✂----------✂----------

转账凭证

		总号	
		分号	

年　月　日　　　　　　附件　　张

摘要	总账科目	明细科目	过账	借方金额 亿千百十万千百十元角分	贷方金额 亿千百十万千百十元角分
	合　计				

财会主管　　　　记账　　　　出纳　　　　复核　　　　制单　　　　领款人签章

转 账 凭 证

	总号	
	分号	

年　月　日　　　　　　附件　　张

摘　要	总账科目	明细科目	过账	借方金额 亿千百十万千百十元角分	贷方金额 亿千百十万千百十元角分
	合　计				

财会主管　　　　记账　　　　出纳　　　　复核　　　　制单　　　　领款人签章

- - - - - - - - - ✂ - ✂ - - - - - - - - -

转 账 凭 证

	总号	
	分号	

年　月　日　　　　　　附件　　张

摘　要	总账科目	明细科目	过账	借方金额 亿千百十万千百十元角分	贷方金额 亿千百十万千百十元角分
	合　计				

财会主管　　　　记账　　　　出纳　　　　复核　　　　制单　　　　领款人签章

转 账 凭 证

		总号	
		分号	

　年　月　日　　　　　附件　　张

摘　要	总账科目	明细科目	过账	借方金额 亿千百十万千百十元角分	贷方金额 亿千百十万千百十元角分
合　计					

财会主管　　　记账　　　出纳　　　复核　　　制单　　　领款人签章

转 账 凭 证

		总号	
		分号	

　年　月　日　　　　　附件　　张

摘　要	总账科目	明细科目	过账	借方金额 亿千百十万千百十元角分	贷方金额 亿千百十万千百十元角分
合　计					

财会主管　　　记账　　　出纳　　　复核　　　制单　　　领款人签章

转 账 凭 证

总号	
分号	

年　月　日　　　　附件　　张

摘　要	总账科目	明细科目	过账	借方金额 亿千百十万千百十元角分	贷方金额 亿千百十万千百十元角分
合　计					

财会主管　　　记账　　　出纳　　　复核　　　制单　　　领款人签章

转 账 凭 证

总号	
分号	

年　月　日　　　　附件　　张

摘　要	总账科目	明细科目	过账	借方金额 亿千百十万千百十元角分	贷方金额 亿千百十万千百十元角分
合　计					

财会主管　　　记账　　　出纳　　　复核　　　制单　　　领款人签章

转 账 凭 证

		总号	
		分号	

年　月　日　　　　　　附件　　张

摘　要	总账科目	明细科目	过账	借方金额 亿千百十万千百十元角分	贷方金额 亿千百十万千百十元角分
	合　计				

财会主管　　　记账　　　出纳　　　复核　　　制单　　　领款人签章

转 账 凭 证

		总号	
		分号	

年　月　日　　　　　　附件　　张

摘　要	总账科目	明细科目	过账	借方金额 亿千百十万千百十元角分	贷方金额 亿千百十万千百十元角分
	合　计				

财会主管　　　记账　　　出纳　　　复核　　　制单　　　领款人签章

转 账 凭 证

总号	
分号	

年　月　日　　　　　　附件　　张

摘　要	总账科目	明细科目	过账	借方金额 亿千百十万千百十元角分	贷方金额 亿千百十万千百十元角分
合　计					

财会主管　　　　记账　　　　出纳　　　　复核　　　　制单　　　　领款人签章

转 账 凭 证

总号	
分号	

年　月　日　　　　　　附件　　张

摘　要	总账科目	明细科目	过账	借方金额 亿千百十万千百十元角分	贷方金额 亿千百十万千百十元角分
合　计					

财会主管　　　　记账　　　　出纳　　　　复核　　　　制单　　　　领款人签章

转 账 凭 证

总号	
分号	

年　月　日　　　　　附件　　张

摘　要	总账科目	明细科目	过账	借方金额 亿千百十万千百十元角分	贷方金额 亿千百十万千百十元角分
	合　计				

财会主管　　　　记账　　　　出纳　　　　复核　　　　制单　　　　领款人签章

------------✂------------✂------------

转 账 凭 证

总号	
分号	

年　月　日　　　　　附件　　张

摘　要	总账科目	明细科目	过账	借方金额 亿千百十万千百十元角分	贷方金额 亿千百十万千百十元角分
	合　计				

财会主管　　　　记账　　　　出纳　　　　复核　　　　制单　　　　领款人签章

转 账 凭 证

总号	
分号	

　　年　月　日　　　　　　附件　　张

摘要	总账科目	明细科目	过账	借方金额 亿千百十万千百十元角分	贷方金额 亿千百十万千百十元角分
	合　计				

财会主管　　　　记账　　　　出纳　　　　复核　　　　制单　　　　领款人签章

------------------------✂------------------------✂------------------------

转 账 凭 证

总号	
分号	

　　年　月　日　　　　　　附件　　张

摘要	总账科目	明细科目	过账	借方金额 亿千百十万千百十元角分	贷方金额 亿千百十万千百十元角分
	合　计				

财会主管　　　　记账　　　　出纳　　　　复核　　　　制单　　　　领款人签章

转 账 凭 证

总号	
分号	

年　月　日　　　　　　　附件　　张

摘要	总账科目	明细科目	过账	借方金额 亿千百十万千百十元角分	贷方金额 亿千百十万千百十元角分
	合　计				

财会主管　　　　记账　　　　出纳　　　　复核　　　　制单　　　　领款人签章

------------------------✂------------------------✂------------------------

转 账 凭 证

总号	
分号	

年　月　日　　　　　　　附件　　张

摘要	总账科目	明细科目	过账	借方金额 亿千百十万千百十元角分	贷方金额 亿千百十万千百十元角分
	合　计				

财会主管　　　　记账　　　　出纳　　　　复核　　　　制单　　　　领款人签章

转 账 凭 证

总号
分号

年 月 日　　　　附件　　张

摘 要	总账科目	明细科目	过账	借方金额 亿千百十万千百十元角分	贷方金额 亿千百十万千百十元角分
合 计					

财会主管　　　记账　　　出纳　　　复核　　　制单　　　领款人签章

转 账 凭 证

总号
分号

年 月 日　　　　附件　　张

摘 要	总账科目	明细科目	过账	借方金额 亿千百十万千百十元角分	贷方金额 亿千百十万千百十元角分
合 计					

财会主管　　　记账　　　出纳　　　复核　　　制单　　　领款人签章

转 账 凭 证

总号
分号

年 月 日　　　　　附件　　张

摘 要	总账科目	明细科目	过账	借方金额 亿千百十万千百十元角分	贷方金额 亿千百十万千百十元角分
	合 计				

财会主管　　　记账　　　出纳　　　复核　　　制单　　　领款人签章

------------------------------ ✂ ------------------------------ ✂ ------------------------------

转 账 凭 证

总号
分号

年 月 日　　　　　附件　　张

摘 要	总账科目	明细科目	过账	借方金额 亿千百十万千百十元角分	贷方金额 亿千百十万千百十元角分
	合 计				

财会主管　　　记账　　　出纳　　　复核　　　制单　　　领款人签章

转 账 凭 证

总号	
分号	

年　月　日　　　　　　附件　　张

摘　要	总账科目	明细科目	过账	借方金额 亿千百十万千百十元角分	贷方金额 亿千百十万千百十元角分
	合　计				

财会主管　　　　记账　　　　出纳　　　　　复核　　　　制单　　　　领款人签章

✂ - ✂ - - - - - - - - - - - -

转 账 凭 证

总号	
分号	

年　月　日　　　　　　附件　　张

摘　要	总账科目	明细科目	过账	借方金额 亿千百十万千百十元角分	贷方金额 亿千百十万千百十元角分
	合　计				

财会主管　　　　记账　　　　出纳　　　　　复核　　　　制单　　　　领款人签章

转 账 凭 证

	总号	
	分号	

年 月 日   附件   张

摘 要	总账科目	明细科目	过账	借方金额 亿千百十万千百十元角分	贷方金额 亿千百十万千百十元角分
合 计					

财会主管   记账   出纳   复核   制单   领款人签章

- - - - - - - - - - - - - ✂ - ✂ - - - - - - - - -

转 账 凭 证

	总号	
	分号	

年 月 日   附件   张

摘 要	总账科目	明细科目	过账	借方金额 亿千百十万千百十元角分	贷方金额 亿千百十万千百十元角分
合 计					

财会主管   记账   出纳   复核   制单   领款人签章

转账凭证

总号　　　
分号　　　

年　月　日　　　　附件　　张

摘　要	总账科目	明细科目	过账	借方金额 亿千百十万千百十元角分	贷方金额 亿千百十万千百十元角分
	合　计				

财会主管　　　记账　　　出纳　　　复核　　　制单　　　领款人签章

-------- ✂ -------- ✂ --------

转账凭证

总号　　　
分号　　　

年　月　日　　　　附件　　张

摘　要	总账科目	明细科目	过账	借方金额 亿千百十万千百十元角分	贷方金额 亿千百十万千百十元角分
	合　计				

财会主管　　　记账　　　出纳　　　复核　　　制单　　　领款人签章

转 账 凭 证

		总号	
		分号	

年　月　日　　　　附件　　张

摘 要	总账科目	明细科目	过账	借方金额 亿千百十万千百十元角分	贷方金额 亿千百十万千百十元角分
	合 计				

财会主管　　　记账　　　出纳　　　复核　　　制单　　　领款人签章

·······················✂······················✂·······················

转 账 凭 证

		总号	
		分号	

年　月　日　　　　附件　　张

摘 要	总账科目	明细科目	过账	借方金额 亿千百十万千百十元角分	贷方金额 亿千百十万千百十元角分
	合 计				

财会主管　　　记账　　　出纳　　　复核　　　制单　　　领款人签章

转 账 凭 证

总号
分号

年　月　日　　　　　附件　　张

摘　要	总账科目	明细科目	过账	借方金额 亿千百十万千百十元角分	贷方金额 亿千百十万千百十元角分
	合　计				

财会主管　　　记账　　　出纳　　　复核　　　制单　　　领款人签章

-------- ✂ -------- ✂ --------

转 账 凭 证

总号
分号

年　月　日　　　　　附件　　张

摘　要	总账科目	明细科目	过账	借方金额 亿千百十万千百十元角分	贷方金额 亿千百十万千百十元角分
	合　计				

财会主管　　　记账　　　出纳　　　复核　　　制单　　　领款人签章

转账凭证

			总号	
			分号	

年 月 日　　　　　附件　　张

摘要	总账科目	明细科目	过账	借方金额 亿千百十万千百十元角分	贷方金额 亿千百十万千百十元角分
合 计					

财会主管　　　记账　　　出纳　　　复核　　　制单　　　领款人签章

- - - - - - - - - - - - - - ✂ - - - - - - - - - - - - - - ✂ - - - - - - - - - - - -

转账凭证

			总号	
			分号	

年 月 日　　　　　附件　　张

摘要	总账科目	明细科目	过账	借方金额 亿千百十万千百十元角分	贷方金额 亿千百十万千百十元角分
合 计					

财会主管　　　记账　　　出纳　　　复核　　　制单　　　领款人签章

转账凭证

总号
分号

年　月　日　　　　　　附件　　张

摘要	总账科目	明细科目	过账	借方金额 亿千百十万千百十元角分	贷方金额 亿千百十万千百十元角分
合　计					

财会主管　　　　　记账　　　　　出纳　　　　　复核　　　　　制单　　　　　领款人签章

- - - - - - - - - - - ✂ - ✂ - - - - - - - - - - -

转账凭证

总号
分号

年　月　日　　　　　　附件　　张

摘要	总账科目	明细科目	过账	借方金额 亿千百十万千百十元角分	贷方金额 亿千百十万千百十元角分
合　计					

财会主管　　　　　记账　　　　　出纳　　　　　复核　　　　　制单　　　　　领款人签章

转账凭证

			总号	
			分号	

年　月　日　　　　　　附件　　张

摘　要	总账科目	明细科目	过账	借方金额 亿千百十万千百十元角分	贷方金额 亿千百十万千百十元角分
		合　计			

财会主管　　　　记账　　　　出纳　　　　复核　　　　制单　　　　领款人签章

------ ✂ ------ ✂ ------

转账凭证

			总号	
			分号	

年　月　日　　　　　　附件　　张

摘　要	总账科目	明细科目	过账	借方金额 亿千百十万千百十元角分	贷方金额 亿千百十万千百十元角分
		合　计			

财会主管　　　　记账　　　　出纳　　　　复核　　　　制单　　　　领款人签章

转 账 凭 证

总号	
分号	

年　月　日　　　　附件　　张

摘要	总账科目	明细科目	过账	借方金额 亿千百十万千百十元角分	贷方金额 亿千百十万千百十元角分
	合 计				

财会主管　　　记账　　　出纳　　　复核　　　制单　　　领款人签章

------------------✂------------------✂------------------

转 账 凭 证

总号	
分号	

年　月　日　　　　附件　　张

摘要	总账科目	明细科目	过账	借方金额 亿千百十万千百十元角分	贷方金额 亿千百十万千百十元角分
	合 计				

财会主管　　　记账　　　出纳　　　复核　　　制单　　　领款人签章

转 账 凭 证

总号	
分号	

年　月　日　　　　　　　附件　　张

摘　要	总账科目	明细科目	过账	借方金额 亿千百十万千百十元角分	贷方金额 亿千百十万千百十元角分
合　计					

财会主管　　　　记账　　　　出纳　　　　复核　　　　制单　　　　领款人签章

转 账 凭 证

总号	
分号	

年　月　日　　　　　　　附件　　张

摘　要	总账科目	明细科目	过账	借方金额 亿千百十万千百十元角分	贷方金额 亿千百十万千百十元角分
合　计					

财会主管　　　　记账　　　　出纳　　　　复核　　　　制单　　　　领款人签章

转 账 凭 证

总号	
分号	

年　月　日　　　　　　附件　　张

摘　要	总账科目	明细科目	过账	借方金额 亿千百十万千百十元角分	贷方金额 亿千百十万千百十元角分
合　计					

财会主管　　　记账　　　出纳　　　复核　　　制单　　　领款人签章

------✂------------------✂------

转 账 凭 证

总号	
分号	

年　月　日　　　　　　附件　　张

摘　要	总账科目	明细科目	过账	借方金额 亿千百十万千百十元角分	贷方金额 亿千百十万千百十元角分
合　计					

财会主管　　　记账　　　出纳　　　复核　　　制单　　　领款人签章

转 账 凭 证

总号	
分号	

年　月　日　　　　　　　　附件　　张

摘　要	总账科目	明细科目	过账	借方金额 亿千百十万千百十元角分	贷方金额 亿千百十万千百十元角分
		合　计			

财会主管　　　　记账　　　　出纳　　　　复核　　　　制单　　　　领款人签章

------------------------✂------------------------✂------------------------

转 账 凭 证

总号	
分号	

年　月　日　　　　　　　　附件　　张

摘　要	总账科目	明细科目	过账	借方金额 亿千百十万千百十元角分	贷方金额 亿千百十万千百十元角分
		合　计			

财会主管　　　　记账　　　　出纳　　　　复核　　　　制单　　　　领款人签章

转 账 凭 证

总号	
分号	

年　月　日　　　　　附件　　张

摘　要	总账科目	明细科目	过账	借方金额 亿千百十万千百十元角分	贷方金额 亿千百十万千百十元角分
合　计					

财会主管　　　记账　　　出纳　　　复核　　　制单　　　领款人签章

- - - - - - - - - ✂ - - - - - - - - - - - - - - - - - - - ✂ - - - - - - - - -

转 账 凭 证

总号	
分号	

年　月　日　　　　　附件　　张

摘　要	总账科目	明细科目	过账	借方金额 亿千百十万千百十元角分	贷方金额 亿千百十万千百十元角分
合　计					

财会主管　　　记账　　　出纳　　　复核　　　制单　　　领款人签章

转 账 凭 证

总号	
分号	

年　月　日　　　　　　附件　　张

摘要	总账科目	明细科目	过账	借方金额 亿千百十万千百十元角分	贷方金额 亿千百十万千百十元角分
	合计				

财会主管　　　记账　　　出纳　　　复核　　　制单　　　领款人签章

------------------✂------------------✂------------------

转 账 凭 证

总号	
分号	

年　月　日　　　　　　附件　　张

摘要	总账科目	明细科目	过账	借方金额 亿千百十万千百十元角分	贷方金额 亿千百十万千百十元角分
	合计				

财会主管　　　记账　　　出纳　　　复核　　　制单　　　领款人签章

转 账 凭 证

总号	
分号	

年　月　日　　　　　　　　附件　　张

摘要	总账科目	明细科目	过账	借方金额 亿千百十万千百十元角分	贷方金额 亿千百十万千百十元角分
	合　计				

财会主管　　　　　记账　　　　　出纳　　　　　复核　　　　　制单　　　　　领款人签章

- - - - - - - - - - - - - ✂ - - - - - - - - - - - - - ✂ - - - - - - - - - - - - -

转 账 凭 证

总号	
分号	

年　月　日　　　　　　　　附件　　张

摘要	总账科目	明细科目	过账	借方金额 亿千百十万千百十元角分	贷方金额 亿千百十万千百十元角分
	合　计				

财会主管　　　　　记账　　　　　出纳　　　　　复核　　　　　制单　　　　　领款人签章

转账凭证

总号 _____
分号 _____

年　月　日　　　　　附件　　张

摘　要	总账科目	明细科目	过账	借方金额 亿千百十万千百十元角分	贷方金额 亿千百十万千百十元角分
合　计					

财会主管　　　　记账　　　　出纳　　　　复核　　　　制单　　　　领款人签章

------------------------✂------------------------✂------------------------

转账凭证

总号 _____
分号 _____

年　月　日　　　　　附件　　张

摘　要	总账科目	明细科目	过账	借方金额 亿千百十万千百十元角分	贷方金额 亿千百十万千百十元角分
合　计					

财会主管　　　　记账　　　　出纳　　　　复核　　　　制单　　　　领款人签章

转 账 凭 证

		总号	
		分号	

年　月　日　　　　　附件　　张

摘　要	总账科目	明细科目	过账	借方金额	贷方金额
				亿千百十万千百十元角分	亿千百十万千百十元角分
合　计					

财会主管　　　记账　　　出纳　　　　复核　　　　制单　　　领款人签章

✂ - - - - - - - - - - - - - - ✂

转 账 凭 证

		总号	
		分号	

年　月　日　　　　　附件　　张

摘　要	总账科目	明细科目	过账	借方金额	贷方金额
				亿千百十万千百十元角分	亿千百十万千百十元角分
合　计					

财会主管　　　记账　　　出纳　　　　复核　　　　制单　　　领款人签章

转 账 凭 证

总号	
分号	

年　月　日　　　　　　　附件　　张

摘　要	总账科目	明细科目	过账	借方金额 亿千百十万千百十元角分	贷方金额 亿千百十万千百十元角分
合　计					

财会主管　　　　记账　　　　出纳　　　　复核　　　　制单　　　　领款人签章

转 账 凭 证

总号	
分号	

年　月　日　　　　　　　附件　　张

摘　要	总账科目	明细科目	过账	借方金额 亿千百十万千百十元角分	贷方金额 亿千百十万千百十元角分
合　计					

财会主管　　　　记账　　　　出纳　　　　复核　　　　制单　　　　领款人签章

转 账 凭 证

总号	
分号	

年　月　日　　　　　附件　　张

摘要	总账科目	明细科目	过账	借方金额 亿千百十万千百十元角分	贷方金额 亿千百十万千百十元角分
		合计			

财会主管　　　记账　　　出纳　　　复核　　　制单　　　领款人签章

- - - - - - - ✂ - - - - - - - - - - - - - ✂ - - - - - - -

转 账 凭 证

总号	
分号	

年　月　日　　　　　附件　　张

摘要	总账科目	明细科目	过账	借方金额 亿千百十万千百十元角分	贷方金额 亿千百十万千百十元角分
		合计			

财会主管　　　记账　　　出纳　　　复核　　　制单　　　领款人签章

转 账 凭 证

总号	
分号	

年　月　日　　　　　附件　　张

摘　要	总账科目	明细科目	过账	借方金额 亿千百十万千百十元角分	贷方金额 亿千百十万千百十元角分
合　计					

财会主管　　　记账　　　出纳　　　　复核　　　　制单　　　领款人签章

··············✂··············✂··············

转 账 凭 证

总号	
分号	

年　月　日　　　　　附件　　张

摘　要	总账科目	明细科目	过账	借方金额 亿千百十万千百十元角分	贷方金额 亿千百十万千百十元角分
合　计					

财会主管　　　记账　　　出纳　　　　复核　　　　制单　　　领款人签章

库存现金日记账

第 1 页

年		凭证号数	摘要	对方科目	收入(借方)金额 千百十万千百十元角分	付出(贷方)金额 千百十万千百十元角分	借或贷	结余金额 千百十万千百十元角分
月	日							

库存现金日记账

年 月 日	凭证号数	摘要	对方科目	收入（借方）金额 千百十万千百十元角分	付出（贷方）金额 千百十万千百十元角分	借或贷	结余金额 千百十万千百十元角分

银行存款日记账

第 1 页

年		凭证号数	支票号码	摘要	对方科目	收入（借方）金额 千百十万千百十元角分	付出（贷方）金额 千百十万千百十元角分	借或贷	结余金额 千百十万千百十元角分
月	日								

银行存款日记账

年 月 日	凭证 号数	支票 号码	摘要	对方科目	收入（借方）金额 千百十万千百十元角分	付出（贷方）金额 千百十万千百十元角分	借或贷	结余金额 千百十万千百十元角分

银行存款日记账

银行存款日记账

年 月 日	凭证 号数	支票 号码	摘要	对方科目	收入（借方）金额 千百十万千百十元角分	付出（贷方）金额 千百十万千百十元角分	借或贷	结余金额 千百十万千百十元角分

科目名称

总第　　页　　分第　　页

产品或编号

年		凭证号	摘要	借方金额											√	贷方金额											√	借或贷	金额										
月	日			亿	千	百	十	万	千	百	十	元	角	分		亿	千	百	十	万	千	百	十	元	角	分			亿	千	百	十	万	千	百	十	元	角	分

科目名称

总第　　页　　分第　　页

产品或编号

年		凭证号	摘要	借方金额											√	贷方金额											√	借或贷	金额										
月	日			亿	千	百	十	万	千	百	十	元	角	分		亿	千	百	十	万	千	百	十	元	角	分			亿	千	百	十	万	千	百	十	元	角	分

年 月 日	凭证号	摘要	科目名称 借方金额 亿千百十万千百元角分 ✓	贷方金额 亿千百十万千百元角分 ✓	总第 页 分第 页 产品或编号 借或贷 亿千百十万千百元角分

年 月 日	凭证号	摘要	科目名称 借方金额 亿千百十万千百元角分 ✓	贷方金额 亿千百十万千百元角分 ✓	总第 页 分第 页 产品或编号 借或贷 金额 亿千百十万千百元角分

科目名称

总第　　页　　分第　　页

产品或编号

年		凭证号	摘要	借方金额											√	贷方金额											√	借或贷	金额										
月	日			亿	千	百	十	万	千	百	十	元	角	分		亿	千	百	十	万	千	百	十	元	角	分			亿	千	百	十	万	千	百	十	元	角	分

科目名称

总第　　页　　分第　　页

产品或编号

年		凭证号	摘要	借方金额											√	贷方金额											√	借或贷	金额										
月	日			亿	千	百	十	万	千	百	十	元	角	分		亿	千	百	十	万	千	百	十	元	角	分			亿	千	百	十	万	千	百	十	元	角	分

科目名称

总第　　页　分第　　页

产品或编号

年		凭证号	摘　要	借方金额											√	贷方金额											√	借或贷	金额										
月	日			亿	千	百	十	万	千	百	十	元	角	分		亿	千	百	十	万	千	百	十	元	角	分			亿	千	百	十	万	千	百	十	元	角	分

科目名称

总第　　页　分第　　页

产品或编号

年		凭证号	摘　要	借方金额											√	贷方金额											√	借或贷	金额										
月	日			亿	千	百	十	万	千	百	十	元	角	分		亿	千	百	十	万	千	百	十	元	角	分			亿	千	百	十	万	千	百	十	元	角	分

科目名称

总第　　页　分第　　页

产品或编号

年		凭证号	摘要	借方金额											√	贷方金额											√	借或贷	金额										
月	日			亿	千	百	十	万	千	百	十	元	角	分		亿	千	百	十	万	千	百	十	元	角	分			亿	千	百	十	万	千	百	十	元	角	分

科目名称

总第　　页　分第　　页

产品或编号

年		凭证号	摘要	借方金额											√	贷方金额											√	借或贷	金额										
月	日			亿	千	百	十	万	千	百	十	元	角	分		亿	千	百	十	万	千	百	十	元	角	分			亿	千	百	十	万	千	百	十	元	角	分

年 月 日	凭证号	摘要	借方金额 亿千百十万千百十元角分	√	贷方金额 亿千百十万千百十元角分	√	借或贷	余额 亿千百十万千百十元角分

科目名称   总第　　页　　分第　　页
                                          产品或编号

年 月 日	凭证号	摘要	借方金额 亿千百十万千百十元角分	√	贷方金额 亿千百十万千百十元角分	√	借或贷	金额 亿千百十万千百十元角分

科目名称   总第　　页　　分第　　页
                                          产品或编号

科目名称 _____

科目名称 _____

科目名称

总第　　页　　分第　　页

产品或编号

年		凭证号	摘要	借方金额											√	贷方金额											√	借或贷	金额										
月	日			亿	千	百	十	万	千	百	十	元	角	分		亿	千	百	十	万	千	百	十	元	角	分			亿	千	百	十	万	千	百	十	元	角	分

科目名称

总第　　页　　分第　　页

产品或编号

年		凭证号	摘要	借方金额											√	贷方金额											√	借或贷	金额										
月	日			亿	千	百	十	万	千	百	十	元	角	分		亿	千	百	十	万	千	百	十	元	角	分			亿	千	百	十	万	千	百	十	元	角	分

科目名称

总第　　页　分第　　页

产品或编号

年		凭证号	摘要	借方金额											√	贷方金额											√	借或贷	金额										
月	日			亿	千	百	十	万	千	百	十	元	角	分		亿	千	百	十	万	千	百	十	元	角	分			亿	千	百	十	万	千	百	十	元	角	分

科目名称

总第　　页　分第　　页

产品或编号

年		凭证号	摘要	借方金额											√	贷方金额											√	借或贷	金额										
月	日			亿	千	百	十	万	千	百	十	元	角	分		亿	千	百	十	万	千	百	十	元	角	分			亿	千	百	十	万	千	百	十	元	角	分

科目名称

总第　页　分第　页

产品或编号

年		凭证号	摘要	借方金额											√	贷方金额											√	借或贷	金额										
月	日			亿	千	百	十	万	千	百	十	元	角	分		亿	千	百	十	万	千	百	十	元	角	分			亿	千	百	十	万	千	百	十	元	角	分

科目名称

总第　页　分第　页

产品或编号

年		凭证号	摘要	借方金额											√	贷方金额											√	借或贷	金额										
月	日			亿	千	百	十	万	千	百	十	元	角	分		亿	千	百	十	万	千	百	十	元	角	分			亿	千	百	十	万	千	百	十	元	角	分

科目名称

总第　　页　　分第　　页

产品或编号

年		凭证号	摘要	借方金额											√	贷方金额											√	借或贷	金额										
月	日			亿	千	百	十	万	千	百	十	元	角	分		亿	千	百	十	万	千	百	十	元	角	分			亿	千	百	十	万	千	百	十	元	角	分

科目名称

总第　　页　　分第　　页

产品或编号

年		凭证号	摘要	借方金额											√	贷方金额											√	借或贷	金额										
月	日			亿	千	百	十	万	千	百	十	元	角	分		亿	千	百	十	万	千	百	十	元	角	分			亿	千	百	十	万	千	百	十	元	角	分

年 月 日	凭证号	摘要	科目名称 借方金额 亿千百十万千百元角分	∨	贷方金额 亿千百十万千百元角分	∨ 借或贷	总第 页 分第 页 产品或编号 金额 亿千百十万千百元角分

科目名称

总第　页　分第　页

产品或编号

年		凭证号	摘要	借方金额											√	贷方金额											√	借或贷	金额										
月	日			亿	千	百	十	万	千	百	十	元	角	分		亿	千	百	十	万	千	百	十	元	角	分			亿	千	百	十	万	千	百	十	元	角	分

科目名称

总第　页　分第　页

产品或编号

年		凭证号	摘要	借方金额											√	贷方金额											√	借或贷	金额										
月	日			亿	千	百	十	万	千	百	十	元	角	分		亿	千	百	十	万	千	百	十	元	角	分			亿	千	百	十	万	千	百	十	元	角	分

科目名称

总第　页　分第　页

产品或编号

年		凭证号	摘要	借方金额											√	贷方金额											√	借或贷	金额										
月	日			亿	千	百	十	万	千	百	十	元	角	分		亿	千	百	十	万	千	百	十	元	角	分			亿	千	百	十	万	千	百	十	元	角	分

科目名称

总第　页　分第　页

产品或编号

年		凭证号	摘要	借方金额											√	贷方金额											√	借或贷	金额										
月	日			亿	千	百	十	万	千	百	十	元	角	分		亿	千	百	十	万	千	百	十	元	角	分			亿	千	百	十	万	千	百	十	元	角	分

科目名称

总第　　页　　分第　　页

产品或编号

年		凭证号	摘要	借方金额											√	贷方金额											√	借或贷	金额										
月	日			亿	千	百	十	万	千	百	十	元	角	分		亿	千	百	十	万	千	百	十	元	角	分			亿	千	百	十	万	千	百	十	元	角	分

科目名称

总第　　页　　分第　　页

产品或编号

年		凭证号	摘要	借方金额											√	贷方金额											√	借或贷	金额										
月	日			亿	千	百	十	万	千	百	十	元	角	分		亿	千	百	十	万	千	百	十	元	角	分			亿	千	百	十	万	千	百	十	元	角	分

科目名称

总第　　页　　分第　　页

产品或编号

年		凭证号	摘要	借方金额											√	贷方金额											√	借或贷	金额										
月	日			亿	千	百	十	万	千	百	十	元	角	分		亿	千	百	十	万	千	百	十	元	角	分			亿	千	百	十	万	千	百	十	元	角	分

科目名称

总第　　页　　分第　　页

产品或编号

年		凭证号	摘要	借方金额											√	贷方金额											√	借或贷	金额										
月	日			亿	千	百	十	万	千	百	十	元	角	分		亿	千	百	十	万	千	百	十	元	角	分			亿	千	百	十	万	千	百	十	元	角	分

科目名称

总第　　页　　分第　　页

产品或编号

年		凭证号	摘要	借方金额											√	贷方金额											√	借或贷	金额										
月	日			亿	千	百	十	万	千	百	十	元	角	分		亿	千	百	十	万	千	百	十	元	角	分			亿	千	百	十	万	千	百	十	元	角	分

科目名称

总第　　页　　分第　　页

产品或编号

年		凭证号	摘要	借方金额											√	贷方金额											√	借或贷	金额										
月	日			亿	千	百	十	万	千	百	十	元	角	分		亿	千	百	十	万	千	百	十	元	角	分			亿	千	百	十	万	千	百	十	元	角	分

年 月 日	凭证号	摘要	借方金额 亿千百十万千百元角分	贷方金额 亿千百十万千百元角分	借或贷	余额 亿千百十万千百元角分

科目名称_____ 总第___页 分第___页
产品或编号

年 月 日	凭证号	摘要	借方金额 亿千百十万千百元角分	贷方金额 亿千百十万千百元角分	借或贷	金额 亿千百十万千百元角分

科目名称_____ 总第___页 分第___页
产品或编号

科目名称

总第　　页　　分第　　页

产品或编号

年		凭证号	摘要	借方金额											√	贷方金额											√	借或贷	金额										
月	日			亿	千	百	十	万	千	百	十	元	角	分		亿	千	百	十	万	千	百	十	元	角	分			亿	千	百	十	万	千	百	十	元	角	分

科目名称

总第　　页　　分第　　页

产品或编号

年		凭证号	摘要	借方金额											√	贷方金额											√	借或贷	金额										
月	日			亿	千	百	十	万	千	百	十	元	角	分		亿	千	百	十	万	千	百	十	元	角	分			亿	千	百	十	万	千	百	十	元	角	分

年 月 日	凭证号	摘要	借方金额 亿千百十万千百元角分	贷方金额 亿千百十万千百元角分	借或贷	余额 亿千百十万千百元角分

科目名称　　　　　　　　　　　　　　　　　　　　　　　总第　页　分第　页
　　　　　　　　　　　　　　　　　　　　　　　　　　　产品或编号

年 月 日	凭证号	摘要	借方金额 亿千百十万千百元角分	贷方金额 亿千百十万千百元角分	借或贷	金额 亿千百十万千百元角分

科目名称　　　　　　　　　　　　　　　　　　　　　　　总第　页　分第　页
　　　　　　　　　　　　　　　　　　　　　　　　　　　产品或编号

科目名称

总第　页　分第　页
产品或编号

年 月 日	凭证号	摘要		借方金额 亿千百十万千百十元角分	借或贷	贷方金额 亿千百十万千百十元角分	✓	金额 亿千百十万千百十元角分

科目名称

总第　页　分第　页
产品或编号

年 月 日	凭证号	摘要		借方金额 亿千百十万千百十元角分	借或贷	贷方金额 亿千百十万千百十元角分	✓	金额 亿千百十万千百十元角分

科目名称　　　　　　　　　　　　　　　　　　　　　　总第　　页　分第　　页
　　　　　　　　　　　　　　　　　　　　　　　　　　产品或编号

年 月 日	凭证号	摘要	借方金额 亿千百十万千百十元角分	贷方金额 亿千百十万千百十元角分	借或贷	金额 亿千百十万千百十元角分

科目名称　　　　　　　　　　　　　　　　　　　　　　总第　　页　分第　　页
　　　　　　　　　　　　　　　　　　　　　　　　　　产品或编号

年 月 日	凭证号	摘要	借方金额 亿千百十万千百十元角分	贷方金额 亿千百十万千百十元角分	借或贷	金额 亿千百十万千百十元角分

科目名称 _____   总第 ___ 页 分第 ___ 页
产品或编号 _____

年	月	日	凭证号	摘要	借方金额 亿千百十万千百十元角分	借或贷	贷方金额 亿千百十万千百十元角分	金额 亿千百十万千百十元角分

科目名称 _____   总第 ___ 页 分第 ___ 页
产品或编号 _____

年	月	日	凭证号	摘要	借方金额 亿千百十万千百十元角分	借或贷	贷方金额 亿千百十万千百十元角分	金额 亿千百十万千百十元角分

年 月 日	凭证号	摘要	借方金额 亿千百十万千百十元角分	√	贷方金额 亿千百十万千百十元角分	√	借或贷	余额 亿千百十万千百十元角分

科目名称 _____   总第 ___ 页 分第 ___ 页
                                产品或编号 _____

年 月 日	凭证号	摘要	科目名称	借方金额 亿千百十万千百十元角分	√	贷方金额 亿千百十万千百十元角分	√	借或贷	金额 亿千百十万千百十元角分

科目名称 _____   总第 ___ 页 分第 ___ 页
                                产品或编号 _____

科目名称

科目名称

科目名称 总第 页 分第 页
产品或编号

年 月 日	凭证号	摘要	借方金额 亿千百十万千百十元角分	贷方金额 亿千百十万千百十元角分	借或贷	余额 亿千百十万千百十元角分

科目名称 总第 页 分第 页
产品或编号

年 月 日	凭证号	摘要	借方金额 亿千百十万千百十元角分	贷方金额 亿千百十万千百十元角分	借或贷	金额 亿千百十万千百十元角分

科目名称

总第　　页　　分第　　页

产品或编号

年		凭证号	摘要	借方金额											√	贷方金额											√	借或贷	金额										
月	日			亿	千	百	十	万	千	百	十	元	角	分		亿	千	百	十	万	千	百	十	元	角	分			亿	千	百	十	万	千	百	十	元	角	分

科目名称

总第　　页　　分第　　页

产品或编号

年		凭证号	摘要	借方金额											√	贷方金额											√	借或贷	金额										
月	日			亿	千	百	十	万	千	百	十	元	角	分		亿	千	百	十	万	千	百	十	元	角	分			亿	千	百	十	万	千	百	十	元	角	分

科目名称

总第　　页　　分第　　页

产品或编号

年		凭证号	摘要	借方金额											√	贷方金额											√	借或贷	金额										
月	日			亿	千	百	十	万	千	百	十	元	角	分		亿	千	百	十	万	千	百	十	元	角	分			亿	千	百	十	万	千	百	十	元	角	分

科目名称

总第　　页　　分第　　页

产品或编号

年		凭证号	摘要	借方金额											√	贷方金额											√	借或贷	金额										
月	日			亿	千	百	十	万	千	百	十	元	角	分		亿	千	百	十	万	千	百	十	元	角	分			亿	千	百	十	万	千	百	十	元	角	分

科目名称 _____

年		凭证号	摘要	借方金额 亿千百十万千百十元角分	√	贷方金额 亿千百十万千百十元角分	借或贷	产品或编号	金额 亿千百十万千百十元角分
月	日								

总第　　页　　分第　　页

科目名称 _____

年		凭证号	摘要	借方金额 亿千百十万千百十元角分	√	贷方金额 亿千百十万千百十元角分	借或贷	产品或编号	金额 亿千百十万千百十元角分
月	日								

总第　　页　　分第　　页

科目名称

总第　　页　　分第　　页

产品或编号

年		凭证号	摘　要	借方金额											√	贷方金额											√	借或贷	金额										
月	日			亿	千	百	十	万	千	百	十	元	角	分		亿	千	百	十	万	千	百	十	元	角	分			亿	千	百	十	万	千	百	十	元	角	分

科目名称

总第　　页　　分第　　页

产品或编号

年		凭证号	摘　要	借方金额											√	贷方金额											√	借或贷	金额										
月	日			亿	千	百	十	万	千	百	十	元	角	分		亿	千	百	十	万	千	百	十	元	角	分			亿	千	百	十	万	千	百	十	元	角	分

科目名称

总第　　页　　分第　　页

产品或编号

年		凭证号	摘要	借方金额											√	贷方金额											√	借或贷	金额										
月	日			亿	千	百	十	万	千	百	十	元	角	分		亿	千	百	十	万	千	百	十	元	角	分			亿	千	百	十	万	千	百	十	元	角	分

科目名称

总第　　页　　分第　　页

产品或编号

年		凭证号	摘要	借方金额											√	贷方金额											√	借或贷	金额										
月	日			亿	千	百	十	万	千	百	十	元	角	分		亿	千	百	十	万	千	百	十	元	角	分			亿	千	百	十	万	千	百	十	元	角	分

年 月 日	凭证号	摘要	借方金额 亿千百十万千百元角分	√	贷方金额 亿千百十万千百元角分	√	借或贷	余额 亿千百十万千百元角分

科目名称　　　　　　　　　　　　　　　总第　　页　分第　　页
　　　　　　　　　　　　　　　　　　　产品或编号

年 月 日	凭证号	摘要	借方金额 亿千百十万千百元角分	√	贷方金额 亿千百十万千百元角分	√	借或贷	产品或编号	金额 亿千百十万千百元角分

科目名称　　　　　　　　　　　　　　　总第　　页　分第　　页

科目名称 _____ 总第 ___ 页 分第 ___ 页
产品或编号 _____

年 月 日	凭证号	摘要	借方金额 亿千百十万千百十元角分	借或贷 √	贷方金额 亿千百十万千百十元角分	金额 亿千百十万千百十元角分

科目名称 _____ 总第 ___ 页 分第 ___ 页
产品或编号 _____

年 月 日	凭证号	摘要	借方金额 亿千百十万千百十元角分	借或贷 √	贷方金额 亿千百十万千百十元角分	金额 亿千百十万千百十元角分

科目名称

总第　　页　　分第　　页

产品或编号

年		凭证号	摘要	借方金额											√	贷方金额											√	借或贷	金额										
月	日			亿	千	百	十	万	千	百	十	元	角	分		亿	千	百	十	万	千	百	十	元	角	分			亿	千	百	十	万	千	百	十	元	角	分

科目名称

总第　　页　　分第　　页

产品或编号

年		凭证号	摘要	借方金额											√	贷方金额											√	借或贷	金额										
月	日			亿	千	百	十	万	千	百	十	元	角	分		亿	千	百	十	万	千	百	十	元	角	分			亿	千	百	十	万	千	百	十	元	角	分

科目名称

总第　页　分第　页

产品或编号

年		凭证号	摘要	借方金额											√	贷方金额											√	借或贷	金额										
月	日			亿	千	百	十	万	千	百	十	元	角	分		亿	千	百	十	万	千	百	十	元	角	分			亿	千	百	十	万	千	百	十	元	角	分

科目名称

总第　页　分第　页

产品或编号

年		凭证号	摘要	借方金额											√	贷方金额											√	借或贷	金额										
月	日			亿	千	百	十	万	千	百	十	元	角	分		亿	千	百	十	万	千	百	十	元	角	分			亿	千	百	十	万	千	百	十	元	角	分

科目名称

总第　　页　　分第　　页

产品或编号

年		凭证号	摘要	借方金额											√	贷方金额											√	借或贷	金额										
月	日			亿	千	百	十	万	千	百	十	元	角	分		亿	千	百	十	万	千	百	十	元	角	分			亿	千	百	十	万	千	百	十	元	角	分

科目名称

总第　　页　　分第　　页

产品或编号

年		凭证号	摘要	借方金额											√	贷方金额											√	借或贷	金额										
月	日			亿	千	百	十	万	千	百	十	元	角	分		亿	千	百	十	万	千	百	十	元	角	分			亿	千	百	十	万	千	百	十	元	角	分

科目名称

总第　　页　　分第　　页

产品或编号

年		凭证号	摘要	借方金额											√	贷方金额											√	借或贷	金额										
月	日			亿	千	百	十	万	千	百	十	元	角	分		亿	千	百	十	万	千	百	十	元	角	分			亿	千	百	十	万	千	百	十	元	角	分

科目名称

总第　　页　　分第　　页

产品或编号

年		凭证号	摘要	借方金额											√	贷方金额											√	借或贷	金额										
月	日			亿	千	百	十	万	千	百	十	元	角	分		亿	千	百	十	万	千	百	十	元	角	分			亿	千	百	十	万	千	百	十	元	角	分

科目名称

总第　　页　　分第　　页

产品或编号

年		凭证号	摘要	借方金额											√	贷方金额											√	借或贷	金额										
月	日			亿	千	百	十	万	千	百	十	元	角	分		亿	千	百	十	万	千	百	十	元	角	分			亿	千	百	十	万	千	百	十	元	角	分

科目名称

总第　　页　　分第　　页

产品或编号

年		凭证号	摘要	借方金额											√	贷方金额											√	借或贷	金额										
月	日			亿	千	百	十	万	千	百	十	元	角	分		亿	千	百	十	万	千	百	十	元	角	分			亿	千	百	十	万	千	百	十	元	角	分

科目名称

总第　　页　　分第　　页

产品或编号

年		凭证号	摘要	借方金额											√	贷方金额											√	借或贷	金额										
月	日			亿	千	百	十	万	千	百	十	元	角	分		亿	千	百	十	万	千	百	十	元	角	分			亿	千	百	十	万	千	百	十	元	角	分

科目名称

总第　　页　　分第　　页

产品或编号

年		凭证号	摘要	借方金额											√	贷方金额											√	借或贷	金额										
月	日			亿	千	百	十	万	千	百	十	元	角	分		亿	千	百	十	万	千	百	十	元	角	分			亿	千	百	十	万	千	百	十	元	角	分

科目名称

总第　　页　分第　　页

产品或编号

年		凭证号	摘要	借方金额											√	贷方金额											√	借或贷	金额										
月	日			亿	千	百	十	万	千	百	十	元	角	分		亿	千	百	十	万	千	百	十	元	角	分			亿	千	百	十	万	千	百	十	元	角	分

科目名称

总第　　页　分第　　页

产品或编号

年		凭证号	摘要	借方金额											√	贷方金额											√	借或贷	金额										
月	日			亿	千	百	十	万	千	百	十	元	角	分		亿	千	百	十	万	千	百	十	元	角	分			亿	千	百	十	万	千	百	十	元	角	分

科目名称

总第　页　分第　页

产品或编号

年		凭证号	摘要	借方金额											√	贷方金额											√	借或贷	金额										
月	日			亿	千	百	十	万	千	百	十	元	角	分		亿	千	百	十	万	千	百	十	元	角	分			亿	千	百	十	万	千	百	十	元	角	分

科目名称

总第　页　分第　页

产品或编号

年		凭证号	摘要	借方金额											√	贷方金额											√	借或贷	金额										
月	日			亿	千	百	十	万	千	百	十	元	角	分		亿	千	百	十	万	千	百	十	元	角	分			亿	千	百	十	万	千	百	十	元	角	分

科目名称

总第　　页　　分第　　页

产品或编号

年		凭证号	摘要	借方金额											√	贷方金额											√	借或贷	金额										
月	日			亿	千	百	十	万	千	百	十	元	角	分		亿	千	百	十	万	千	百	十	元	角	分			亿	千	百	十	万	千	百	十	元	角	分

科目名称

总第　　页　　分第　　页

产品或编号

年		凭证号	摘要	借方金额											√	贷方金额											√	借或贷	金额										
月	日			亿	千	百	十	万	千	百	十	元	角	分		亿	千	百	十	万	千	百	十	元	角	分			亿	千	百	十	万	千	百	十	元	角	分

科目名称

总第　　页　分第　　页

产品或编号

年		凭证号	摘要	借方金额											√	贷方金额											√	借或贷	金额										
月	日			亿	千	百	十	万	千	百	十	元	角	分		亿	千	百	十	万	千	百	十	元	角	分			亿	千	百	十	万	千	百	十	元	角	分

科目名称

总第　　页　分第　　页

产品或编号

年		凭证号	摘要	借方金额											√	贷方金额											√	借或贷	金额										
月	日			亿	千	百	十	万	千	百	十	元	角	分		亿	千	百	十	万	千	百	十	元	角	分			亿	千	百	十	万	千	百	十	元	角	分

科目名称

总第　　页　　分第　　页

产品或编号

年		凭证号	摘要	借方金额											√	贷方金额											√	借或贷	金额										
月	日			亿	千	百	十	万	千	百	十	元	角	分		亿	千	百	十	万	千	百	十	元	角	分			亿	千	百	十	万	千	百	十	元	角	分

科目名称

总第　　页　　分第　　页

产品或编号

年		凭证号	摘要	借方金额											√	贷方金额											√	借或贷	金额										
月	日			亿	千	百	十	万	千	百	十	元	角	分		亿	千	百	十	万	千	百	十	元	角	分			亿	千	百	十	万	千	百	十	元	角	分

科目名称

总第　　页　　分第　　页

产品或编号

年		凭证号	摘要	借方金额											√	贷方金额											√	借或贷	金额										
月	日			亿	千	百	十	万	千	百	十	元	角	分		亿	千	百	十	万	千	百	十	元	角	分			亿	千	百	十	万	千	百	十	元	角	分

科目名称

总第　　页　　分第　　页

产品或编号

年		凭证号	摘要	借方金额											√	贷方金额											√	借或贷	金额										
月	日			亿	千	百	十	万	千	百	十	元	角	分		亿	千	百	十	万	千	百	十	元	角	分			亿	千	百	十	万	千	百	十	元	角	分

明细账

存储地点............................ 最高存量............................ 最低存量............................ 计量单位............................ 货名............................ 总页............................ 分页............................

年		凭证号	摘要	收入（借方）			发出（贷方）			结余		
月	日			数量	单价	金额 千百十万千百十元角分	数量	单价	金额 千百十万千百十元角分	数量	单价	金额 千百十万千百十元角分

明细账

存储地点............................ 最高存量............................ 最低存量............................ 计量单位............................ 货名............................ 总页............................ 分页............................

年		凭证号	摘要	收入（借方）			发出（贷方）			结余		
月	日			数量	单价	金额 千百十万千百十元角分	数量	单价	金额 千百十万千百十元角分	数量	单价	金额 千百十万千百十元角分

明细账

存储地点............ 最高存量............ 最低存量............ 计量单位............ 总页............ 分页............ 货名............

年		凭证号	摘要	收入（借方）			发出（贷方）			结余		
月	日			数量	单价	金额 千百十万千百十元角分	数量	单价	金额 千百十万千百十元角分	数量	单价	金额 千百十万千百十元角分

明细账

存储地点............ 最高存量............ 最低存量............ 计量单位............ 总页............ 分页............ 货名............

年		凭证号	摘要	收入（借方）			发出（贷方）			结余		
月	日			数量	单价	金额 千百十万千百十元角分	数量	单价	金额 千百十万千百十元角分	数量	单价	金额 千百十万千百十元角分

明细账

存储地点............ 最高存量............ 最低存量............ 计量单位............ 货名............ 总页............ 分页............

年		凭证号	摘要	收入（借方）		金额									发出（贷方）		金额									结余		金额								
月	日			数量	单价	千	百	十	万	千	百	十	元	角	分	数量	单价	千	百	十	万	千	百	十	元	角	分	数量	单价	千	百	十	万	千	百	十	元	角	分

明细账

存储地点............ 最高存量............ 最低存量............ 计量单位............ 货名............ 总页............ 分页............

年		凭证号	摘要	收入（借方）		金额									发出（贷方）		金额									结余		金额								
月	日			数量	单价	千	百	十	万	千	百	十	元	角	分	数量	单价	千	百	十	万	千	百	十	元	角	分	数量	单价	千	百	十	万	千	百	十	元	角	分

明细账

明细账

存储地点……………… 最高存量……………… 最低存量……………… 计量单位……………… 货名……………… 总页………………
分页………………

年		凭证号	摘要	收入（借方）			发出（贷方）			结余		
月	日			数量	单价	金额 千百十万千百十元角分	数量	单价	金额 千百十万千百十元角分	数量	单价	金额 千百十万千百十元角分

明细账

存储地点……………… 最高存量……………… 最低存量……………… 计量单位……………… 货名……………… 总页………………
分页………………

年		凭证号	摘要	收入（借方）			发出（贷方）			结余		
月	日			数量	单价	金额 千百十万千百十元角分	数量	单价	金额 千百十万千百十元角分	数量	单价	金额 千百十万千百十元角分

明细账

存储地点………… 最高存量………… 最低存量………… 计量单位………… 货名………… 总页………… 分页…………

年		凭证号	摘要	收入（借方）			发出（贷方）			结余金额		
月	日			数量	单价	金额 千百十万千百十元角分	数量	单价	金额 千百十万千百十元角分	数量	单价	金额 千百十万千百十元角分

明细账

存储地点………… 最高存量………… 最低存量………… 计量单位………… 货名………… 总页………… 分页…………

年		凭证号	摘要	收入（借方）			发出（贷方）			结余金额		
月	日			数量	单价	金额 千百十万千百十元角分	数量	单价	金额 千百十万千百十元角分	数量	单价	金额 千百十万千百十元角分

明细账

存储地点............... 最高存量............... 最低存量............... 计量单位............... 总页............... 分页...............

货名...............

年 月 日	凭证号	摘要	收入（借方）				发出（贷方）				结余			
			数量	单价	金额 千 百 十 万 千 百 十 元 角 分		数量	单价	金额 千 百 十 万 千 百 十 元 角 分		数量	单价	金额 千 百 十 万 千 百 十 元 角 分	

明细账

存储地点............... 最高存量............... 最低存量............... 计量单位............... 货名............... 总页............... 分页...............

年 月 日	凭证号	摘要	收入（借方）				发出（贷方）				结余			
			数量	单价	金额 千 百 十 万 千 百 十 元 角 分		数量	单价	金额 千 百 十 万 千 百 十 元 角 分		数量	单价	金额 千 百 十 万 千 百 十 元 角 分	

明细账

明细账

存储地点............ 最高存储............ 最低存储............ 计量单位............ 货名............ 总页............ 分页............

年 月 日	凭证号	摘要	收入（借方） 数量 单价 金额 千百十万千百十元角分	发出（贷方） 数量 单价 金额 千百十万千百十元角分	结余 数量 单价 金额 千百十万千百十元角分

明细账

存储地点............ 最高存储............ 最低存储............ 计量单位............ 货名............ 总页............ 分页............

年 月 日	凭证号	摘要	收入（借方） 数量 单价 金额 千百十万千百十元角分	发出（贷方） 数量 单价 金额 千百十万千百十元角分	结余 数量 单价 金额 千百十万千百十元角分

明细账

存储地点……… 最高存量……… 最低存量……… 总页……… 分页………
凭证号　摘要　货名……… 计量单位………

年		凭证号	摘要	收入（借方）			发出（贷方）			结余金额	
月	日			数量	单价	金额 千百十万千百十元角分	数量	单价	金额 千百十万千百十元角分	数量	单价	金额 千百十万千百十元角分

明细账

存储地点……… 最高存量……… 最低存量……… 总页……… 分页………
凭证号　摘要　货名……… 计量单位………

年		凭证号	摘要	收入（借方）			发出（贷方）			结余金额	
月	日			数量	单价	金额 千百十万千百十元角分	数量	单价	金额 千百十万千百十元角分	数量	单价	金额 千百十万千百十元角分

明细账

存储地点............ 最高存量............ 最低存量............ 计量单位............ 货名............ 总页............ 分页............

年		凭证号	摘要	收入（借方）			发出（贷方）			结余		
月	日			数量	单价	金额 千百十万千百十元角分	数量	单价	金额 千百十万千百十元角分	数量	单价	金额 千百十万千百十元角分

明细账

存储地点............ 最高存量............ 最低存量............ 计量单位............ 货名............ 总页............ 分页............

年		凭证号	摘要	收入（借方）			发出（贷方）			结余		
月	日			数量	单价	金额 千百十万千百十元角分	数量	单价	金额 千百十万千百十元角分	数量	单价	金额 千百十万千百十元角分

明细账

明细账

存储地点................................. 最高存量................................. 计量单位.................................
 货名_____
 最低存量................................. 总页.................. 分页..................

年	月 日	凭证号	摘要	收入（借方）			发出（贷方）			结余		
				数量	单价	金额 千百十万千百十元角分	数量	单价	金额 千百十万千百十元角分	数量	单价	金额 千百十万千百十元角分

明细账

存储地点................................. 最高存量................................. 计量单位.................................
 货名_____
 最低存量................................. 总页.................. 分页..................

年	月 日	凭证号	摘要	收入（借方）			发出（贷方）			结余		
				数量	单价	金额 千百十万千百十元角分	数量	单价	金额 千百十万千百十元角分	数量	单价	金额 千百十万千百十元角分

明细账

明细账

存储地点……………… 最高存量……………… 计量单位……………… 总页………… 分页…………
　　　　　　　　　　　　最低存量……………… 　　　　　　　　　　　　货名…………

年 月	日	凭证号	摘要	收入（借方）			发出（贷方）			数量	单价	结余 金额
				数量	单价	金额 千百十万千百十元角分	数量	单价	金额 千百十万千百十元角分			千百十万千百十元角分

明细账

存储地点……………… 最高存量……………… 计量单位……………… 总页………… 分页…………
　　　　　　　　　　　　最低存量……………… 　　　　　　　　　　　　货名…………

年 月	日	凭证号	摘要	收入（借方）			发出（贷方）			数量	单价	结余 金额
				数量	单价	金额 千百十万千百十元角分	数量	单价	金额 千百十万千百十元角分			千百十万千百十元角分

应交税费——应交增值税　明细账

年		凭证号数	摘要	借方发生额				贷方发生额			借或贷	余额
月	日			进项税额	已交税金	转出未交增值税	合计	销项税额	转出多交增值税	合计		

生产成本明细分类账

产品名称

年 月	日	凭证号	摘要	直接材料 千百十万千百十元角分	动力费 千百十万千百十元角分	直接工资 千百十万千百十元角分	制造费用 千百十万千百十元角分	合计 千百十万千百十元角分

生产成本明细分类账

产品名称

年 月	日	凭证号	摘要	直接材料 千百十万千百十元角分	动力费 千百十万千百十元角分	直接工资 千百十万千百十元角分	制造费用 千百十万千百十元角分	合计 千百十万千百十元角分

生产成本明细分类账

产品名称_____

年		凭证号	摘要	直接材料 千百十万千百十元角分	动力费 千百十万千百十元角分	直接工资 千百十万千百十元角分	制造费用 千百十万千百十元角分	合计 千百十万千百十元角分
月	日							

生产成本明细分类账

产品名称_____

年		凭证号	摘要	直接材料 千百十万千百十元角分	动力费 千百十万千百十元角分	直接工资 千百十万千百十元角分	制造费用 千百十万千百十元角分	合计 千百十万千百十元角分
月	日							

管理费用

千	百	十	万	千	百	十	元	角	分	千	百	十	万	千	百	十	元	角	分	千	百	十	万	千	百	十	元	角	分	千	百	十	万	千	百	十	元	角	分	千	百	十	万	千	百	十	元	角	分	千	百	十	万	千	百	十	元	角	分	千	百	十	万	千	百	十	元	角	分

凭证		摘要	对应科目	财务费用		
年 月 日	号数			百十万千百十元角分	百十万千百十元角分	百十万千百十元角分

销售费用

年 月	日	凭证号数	摘要	对应科目	百十万千百十元角分	百十万千百十元角分	百十万千百十元角分	百十万千百十元角分	百十万千百十元角分	百十万千百十元角分

制造费用

总 账

第 1 页

年		凭证		摘要		借方金额	贷方金额	借或贷	金额
月	日	种类	号数		页	亿千百十万千百十元角分	亿千百十万千百十元角分		亿千百十万千百十元角分

财会主管

总 账

第 2 页

年		凭证		摘要		借方金额	贷方金额	借或贷	金额
月	日	种类	号数		页	亿千百十万千百十元角分	亿千百十万千百十元角分		亿千百十万千百十元角分

财会主管

总 账

年 月 日	凭证 种类 号数	摘要	借方金额 亿千百十万千百十元角分	贷方金额 亿千百十万千百十元角分	借或贷	金额 亿千百十万千百十元角分

财会主管

第 3 页

总 账

年 月 日	凭证 种类 号数	摘要	借方金额 亿千百十万千百十元角分	贷方金额 亿千百十万千百十元角分	借或贷	金额 亿千百十万千百十元角分

财会主管

第 4 页

总 账

第 5 页

总 账

第 6 页

总 账

年月日	凭证 种类 号数	摘要	借方金额 亿千百十万千百十元角分	贷方金额 亿千百十万千百十元角分	借或贷	金额 亿千百十万千百十元角分

财会主管

总 账

年月日	凭证 种类 号数	摘要	借方金额 亿千百十万千百十元角分	贷方金额 亿千百十万千百十元角分	借或贷	金额 亿千百十万千百十元角分

财会主管

总 账

第 9 页

总 账

第 10 页

总　账

年 月 日	凭证 种类 号数	摘要	借方金额 亿千百十万千百十元角分	贷方金额 亿千百十万千百十元角分	借或贷	金额 亿千百十万千百十元角分

财会主管

总　账

年 月 日	凭证 种类 号数	摘要	借方金额 亿千百十万千百十元角分	贷方金额 亿千百十万千百十元角分	借或贷	金额 亿千百十万千百十元角分

财会主管

总 账

第 13 页

年		凭证		摘要	借方金额		贷方金额		借或贷	金额	
月	日	种类	号数		亿千百十万千百十元角分		亿千百十万千百十元角分			亿千百十万千百十元角分	

财会主管

总 账

第 14 页

年		凭证		摘要	借方金额		贷方金额		借或贷	金额	
月	日	种类	号数		亿千百十万千百十元角分		亿千百十万千百十元角分			亿千百十万千百十元角分	

财会主管

总 账

总 账

第 17 页

总 账

第 18 页

总账

年 月 日	凭证 种类 号数	摘要	借方金额 亿千百十万千百十元角分	贷方金额 亿千百十万千百十元角分	借或贷	金额 亿千百十万千百十元角分

第 19 页

财会主管

总账

年 月 日	凭证 种类 号数	摘要	借方金额 亿千百十万千百十元角分	贷方金额 亿千百十万千百十元角分	借或贷	金额 亿千百十万千百十元角分

第 20 页

财会主管

总账

总 账

年 月 日	凭证 种类 号数	摘要	借方金额 亿千百十万千百十元角分	贷方金额 亿千百十万千百十元角分	借或贷	余额 亿千百十万千百十元角分

第 23 页

总 账

年 月 日	凭证 种类 号数	摘要	借方金额 亿千百十万千百十元角分	贷方金额 亿千百十万千百十元角分	借或贷	余额 亿千百十万千百十元角分

第 24 页

财会主管

总 账

年		凭证		摘要	日页	借方金额											贷方金额											借或贷	金额										
月	日	种类	号数			亿	千	百	十	万	千	百	十	元	角	分	亿	千	百	十	万	千	百	十	元	角	分		亿	千	百	十	万	千	百	十	元	角	分

财会主管

总 账

年		凭证		摘要	日页	借方金额											贷方金额											借或贷	金额										
月	日	种类	号数			亿	千	百	十	万	千	百	十	元	角	分	亿	千	百	十	万	千	百	十	元	角	分		亿	千	百	十	万	千	百	十	元	角	分

财会主管

总 账

总 账

第 33 页

总 账

第 34 页

总账

年 月 日	凭证 种类 号数	摘要	借方金额 亿千百十万千百十元角分	贷方金额 亿千百十万千百十元角分	借或贷	金额 亿千百十万千百十元角分

第 35 页

总账

年 月 日	凭证 种类 号数	摘要	借方金额 亿千百十万千百十元角分	贷方金额 亿千百十万千百十元角分	借或贷	金额 亿千百十万千百十元角分

财会主管

第 36 页

总 账

第 37 页

年		凭证		摘要	日页	借方金额											贷方金额											借或贷	金额										
月	日	种类	号数			亿	千	百	十	万	千	百	十	元	角	分	亿	千	百	十	万	千	百	十	元	角	分		亿	千	百	十	万	千	百	十	元	角	分

财会主管

总 账

第 38 页

年		凭证		摘要	日页	借方金额											贷方金额											借或贷	金额										
月	日	种类	号数			亿	千	百	十	万	千	百	十	元	角	分	亿	千	百	十	万	千	百	十	元	角	分		亿	千	百	十	万	千	百	十	元	角	分

财会主管

总 账

总 账　　　　　　　　　　　　　　　　　　　　　　　第 41 页

总 账　　　　　　　　　　　　　　　　　　　　　　　第 42 页

总　账

总 账

第 45 页

总 账

第 46 页

总 账

年 月 日	凭证 种类 号数	摘要	借方金额 亿千百十万千百十元角分	贷方金额 亿千百十万千百十元角分	借或贷	金额 亿千百十万千百十元角分

财会主管

第 47 页

总 账

年 月 日	凭证 种类 号数	摘要	借方金额 亿千百十万千百十元角分	贷方金额 亿千百十万千百十元角分	借或贷	金额 亿千百十万千百十元角分

财会主管

第 48 页

总 账

第 49 页

总 账

第 50 页

总账

年 月 日	凭证 种类 号数	摘要	借方金额 亿千百十万千百十元角分	贷方金额 亿千百十万千百十元角分	借或贷	金额 亿千百十万千百十元角分

财会主管

第 51 页

总账

年 月 日	凭证 种类 号数	摘要	借方金额 亿千百十万千百十元角分	贷方金额 亿千百十万千百十元角分	借或贷	金额 亿千百十万千百十元角分

财会主管

第 52 页

总 账

第 53 页

年		凭证		摘要	页	借方金额 亿千百十万千百十元角分	贷方金额 亿千百十万千百十元角分	借或贷	金额 亿千百十万千百十元角分
月	日	种类	号数		日				

财会主管

总 账

第 54 页

年		凭证		摘要	页	借方金额 亿千百十万千百十元角分	贷方金额 亿千百十万千百十元角分	借或贷	金额 亿千百十万千百十元角分
月	日	种类	号数		日				

财会主管

总 账

年 月 日	凭证 种类	凭证 号数	摘要	借方金额 亿千百十万千百十元角分	贷方金额 亿千百十万千百十元角分	借 或 贷	余额 亿千百十万千百十元角分

第 55 页

总 账

年 月 日	凭证 种类	凭证 号数	摘要	借方金额 亿千百十万千百十元角分	贷方金额 亿千百十万千百十元角分	借 或 贷	金额 亿千百十万千百十元角分

财会主管

第 56 页

总 账

年		凭证		摘要	日页	借方金额											贷方金额											借或贷	金额										
月	日	种类	号数			亿	千	百	十	万	千	百	十	元	角	分	亿	千	百	十	万	千	百	十	元	角	分		亿	千	百	十	万	千	百	十	元	角	分

财会主管

总 账

年		凭证		摘要	日页	借方金额											贷方金额											借或贷	金额										
月	日	种类	号数			亿	千	百	十	万	千	百	十	元	角	分	亿	千	百	十	万	千	百	十	元	角	分		亿	千	百	十	万	千	百	十	元	角	分

财会主管

总　账

年 月 日	凭证 种类 号数	摘　要	借方金额 亿千百十万千百十元角分	贷方金额 亿千百十万千百十元角分	借或贷	余额 亿千百十万千百十元角分

第 59 页

总　账

年 月 日	凭证 种类 号数	摘　要	借方金额 亿千百十万千百十元角分	贷方金额 亿千百十万千百十元角分	借或贷	余额 亿千百十万千百十元角分

财会主管

第 60 页

科目汇总表

　　　　　　　　　　　年　月　日至　　年　月　日　　　　　　　　单位：元

科目名称	借方	贷方	科目名称	借方	贷方
合计					

制表人：

科目汇总表

年　月　日至　年　月　日　　　　　　　　　单位：元

科目名称	借方	贷方	科目名称	借方	贷方
合计					

制表人：

科目汇总表

年　月　日至　　年　月　日　　　　　　单位：元

科目名称	借方	贷方	科目名称	借方	贷方
合计					

制表人：

资产负债表

编制单位：　　　　　　　　　　　　年　月　日

会企01表
单位：元

资产	行次	期末余额	年初余额	负债和所有者权益（或股东权益）	行次	期末余额	年初余额
流动资产：	1			流动负债：	35		
货币资金	2			短期借款	36		
交易性金融资产	3			交易性金融负债	37		
应收票据	4			应付票据	38		
应收账款	5			应付账款	39		
预付款项	6			预收账款	40		
应收利息	7			应付职工薪酬	41		
应收股利	8			应交税费	42		
其他应收款	9			应付利息	43		
存货	10			应付股利	44		
其中：消耗性生物资产	11			其他应付款	45		
一年内到期的非流动资产	12			预计负债	46		
其他流动资产	13			一年内到期的非流动负债	47		
流动资产合计	14			其他流动负债	48		
非流动资产：	15			流动负债合计	49		
可供出售金融资产	16			非流动负债：	50		
持有至到期投资	17			长期借款	51		
长期应收款	18			应付债券	52		
长期股权投资	19			长期应付款	53		
投资性房地产	20			专项应付款	54		
固定资产	21			递延所得税负债	55		
在建工程	22			其他非流动负债	56		
工程物资	23			非流动负债合计	57		
固定资产清理	24			负债合计	58		
生产性生物资产	25			所有者权益（或股东权益）：	59		
油气资产	26			实收资本（或股本）	60		
无形资产	27			资本公积	61		
开发支出	28			盈余公积	62		
商誉	29			未分配利润	63		
长期待摊费用	30			减：库存股	64		
递延所得税资产	31			所有者权益（或股东权益）合计	65		
其他非流动资产	32				66		
非流动资产合计	33				67		
资产总计	34			负债和所有者（或股东权益）合计	68		

制表人：

利 润 表

会企 02 表

编制单位：　　　　　　　　　　　　年　月　　　　　　　　　　　单位：元

项　目	行次	本期金额	本年累计
一、营业收入			
减：营业成本			
营业税金及附加			
销售费用			
管理费用			
财务费用			
资产减值损失			
加：公允价值变动收益（损失以"-"号填列）			
投资收益（损失以"-"号填列）			
其中：对联营企业和合营企业的投资收益			
二、营业利润（亏损以"-"号填列）			
加：营业外收入			
减：营业外支出			
其中：非流动资产处置损失			
三、利润总额（亏损总额以"-"号填列）			
减：所得税费用			
四、净利润（净亏损以"-"号填列）			
五、每股收益			
（一）基本每股收益			
（二）稀释每股收益			

制表人：

账簿启用及接交表

单位名称			
账簿名称		（第　　册）	
账簿编号			
账簿页数	本账簿共计　　页（本账簿页数　　检点人盖章）		
启用日期	公元　　年　　月　　日		

经管人员	单位主管		财务主管		经管人员	
	姓名	盖章	姓名	盖章	姓名	盖章

交接记录	职别	姓名	接管			记账			交出		
			年	月	日	姓名	盖章	年	月	日	盖章

| 备注 | |

账 簿 启 用 及 接 交 表

单位名称						
账簿名称	（第　　册）					
账簿编号						
账簿页数	本账簿共计　　页（本账簿页数检点人盖章）					
启用日期	公元　　年　　月　　日					

经管人员	姓名	单位主管	盖章	财务主管	盖章	复核	姓名	盖章	记账	姓名	盖章

交接记录	职别	经管人员	姓名	盖章	接管	年	月	日	交出	年	月	日	盖章

备注	